I0845219

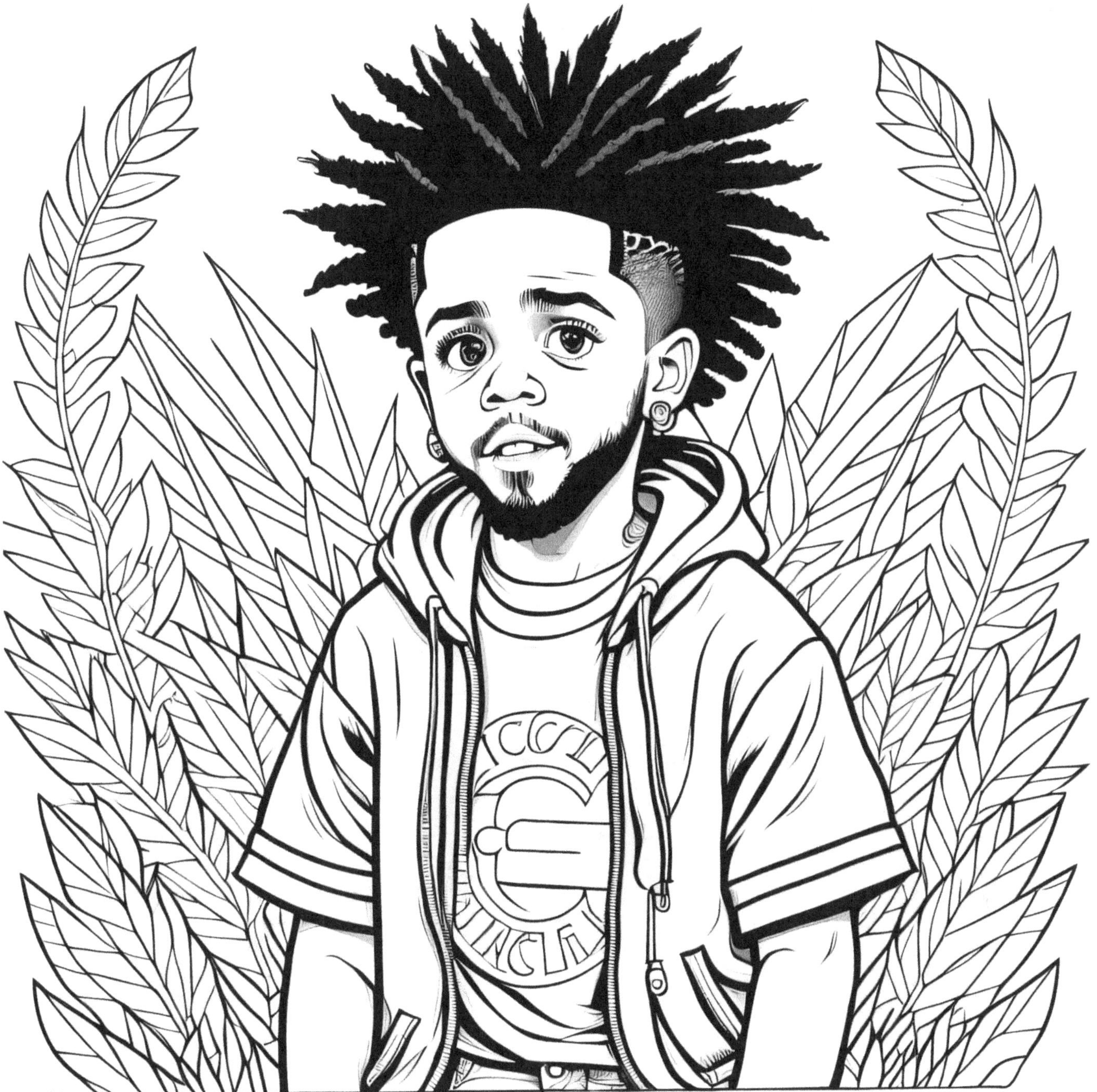

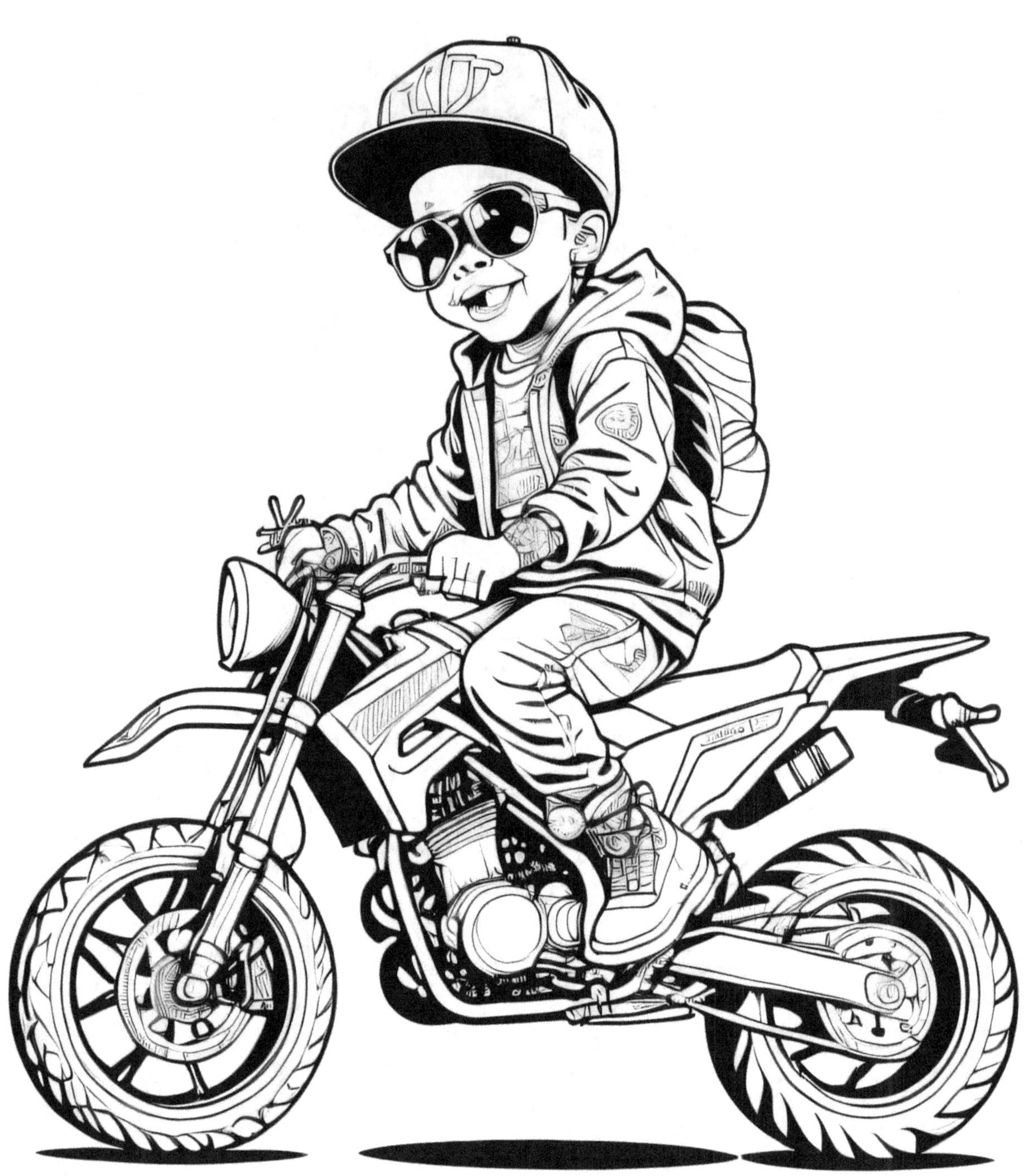

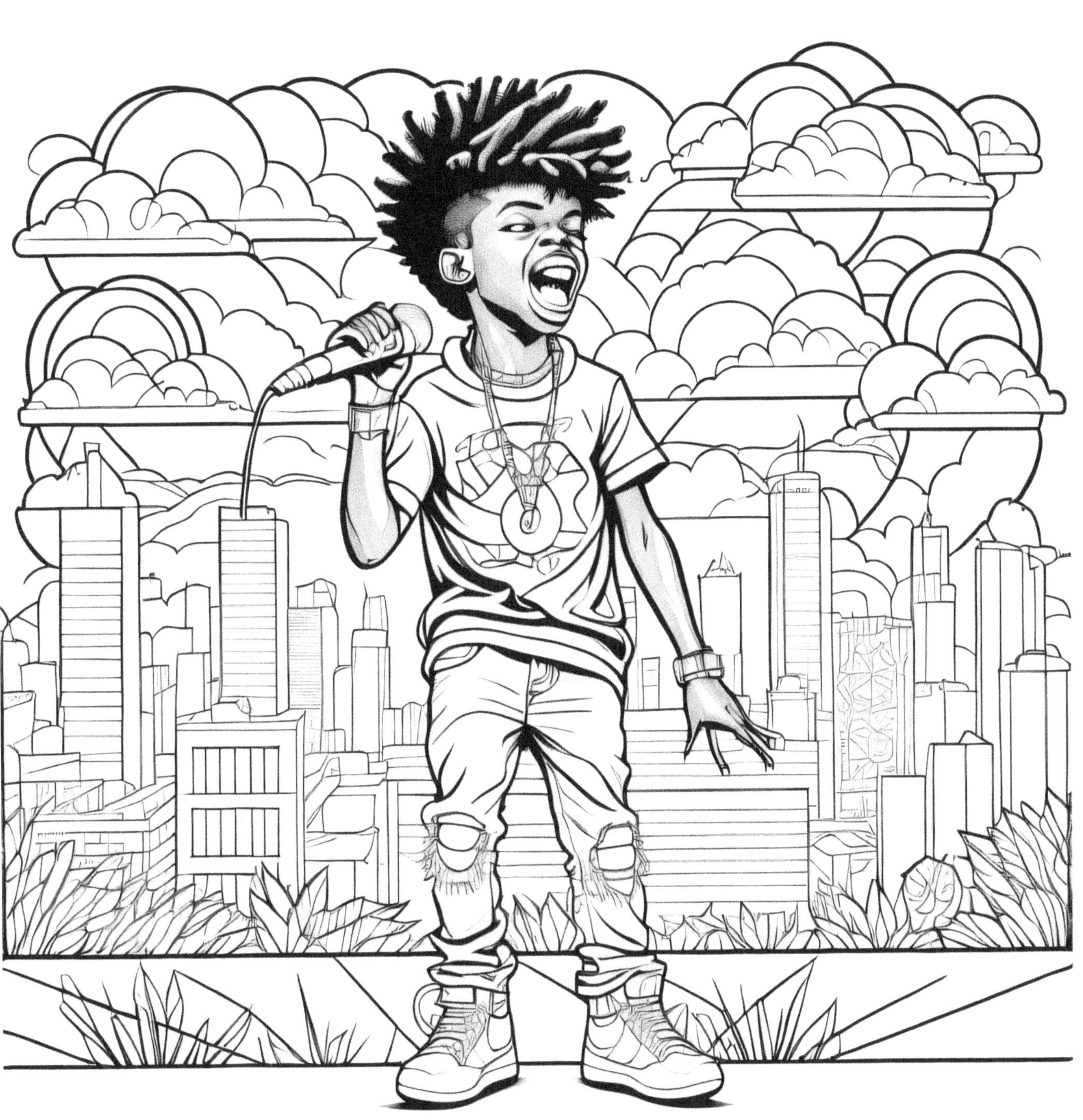

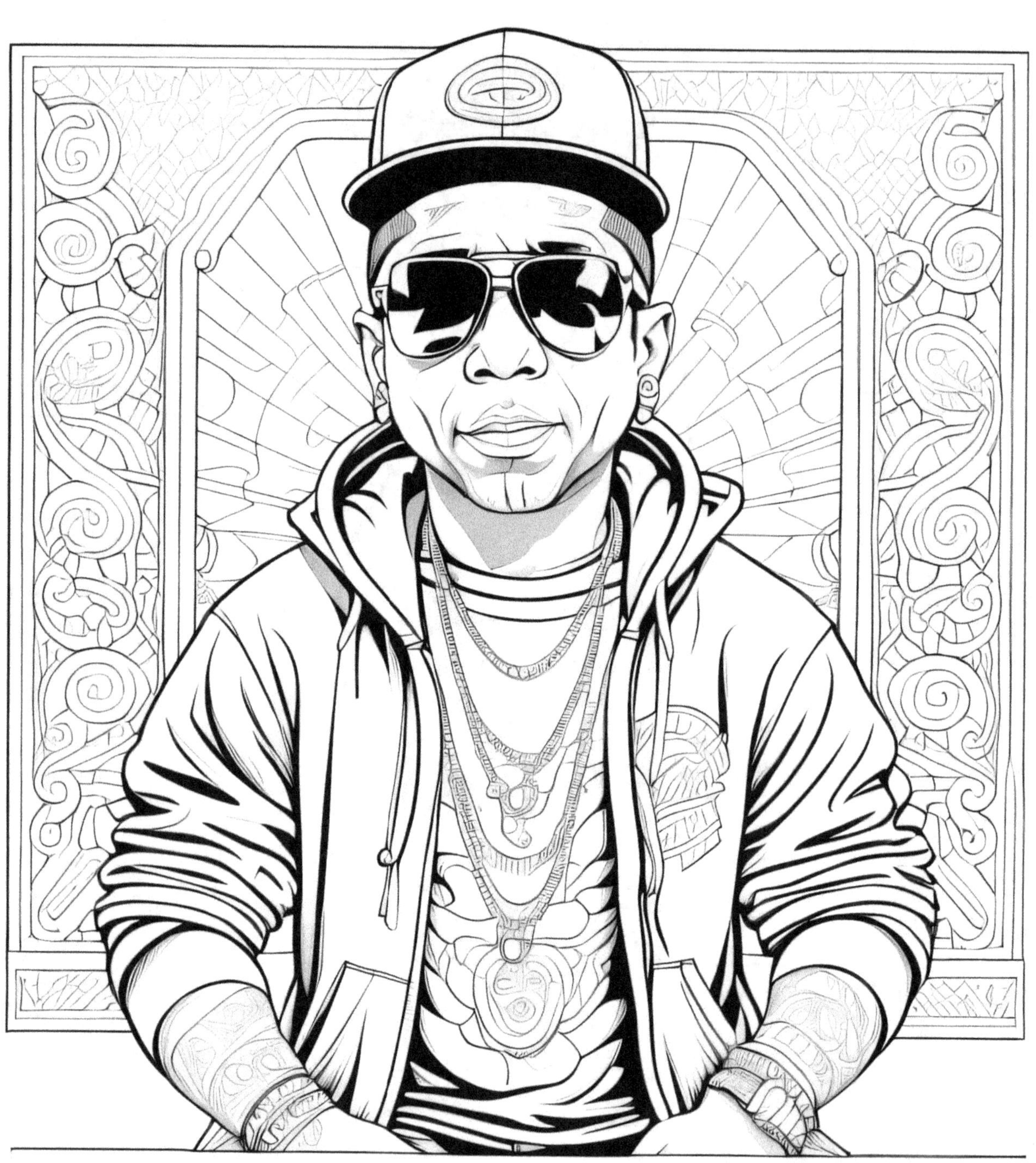

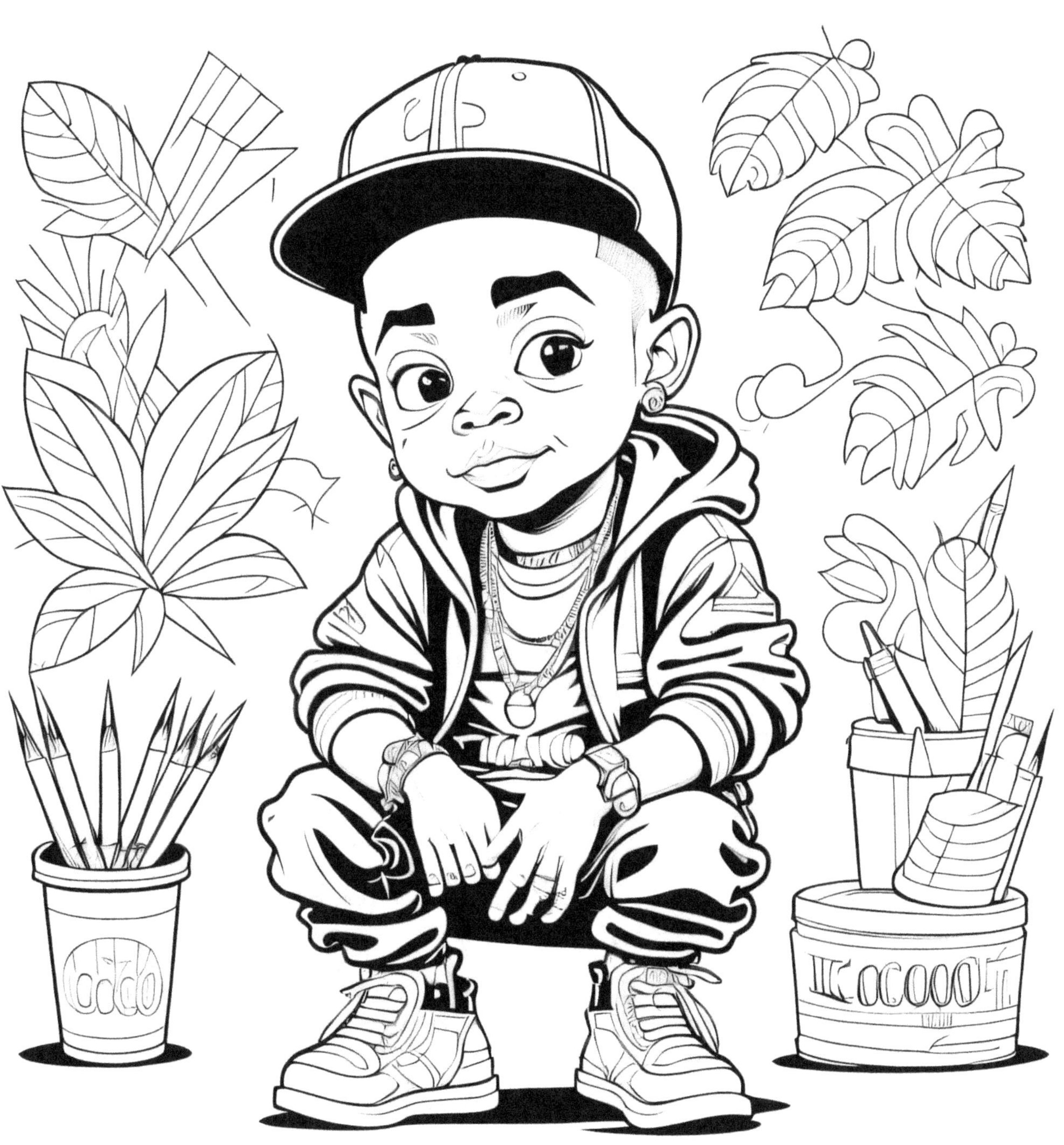

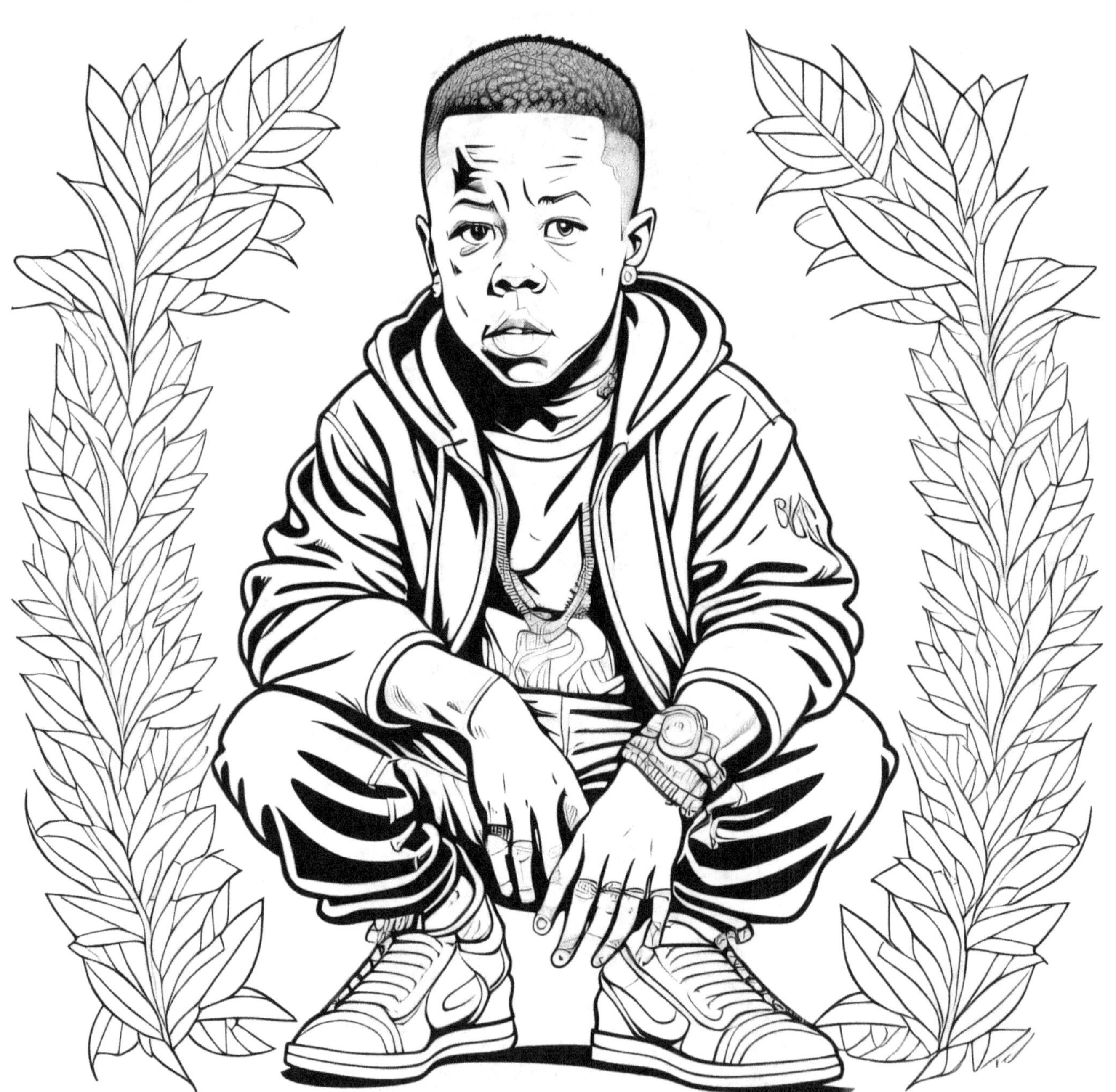

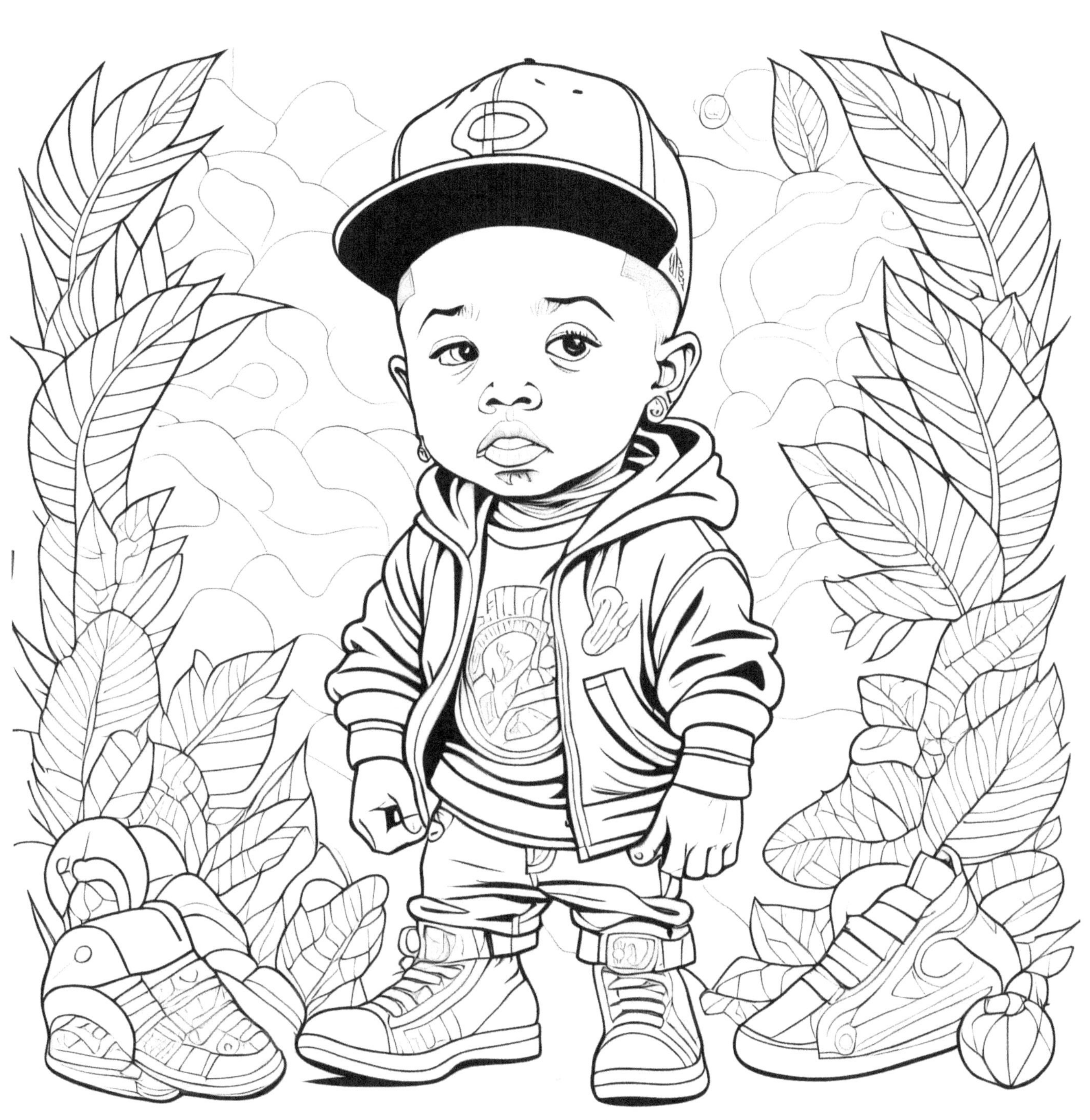

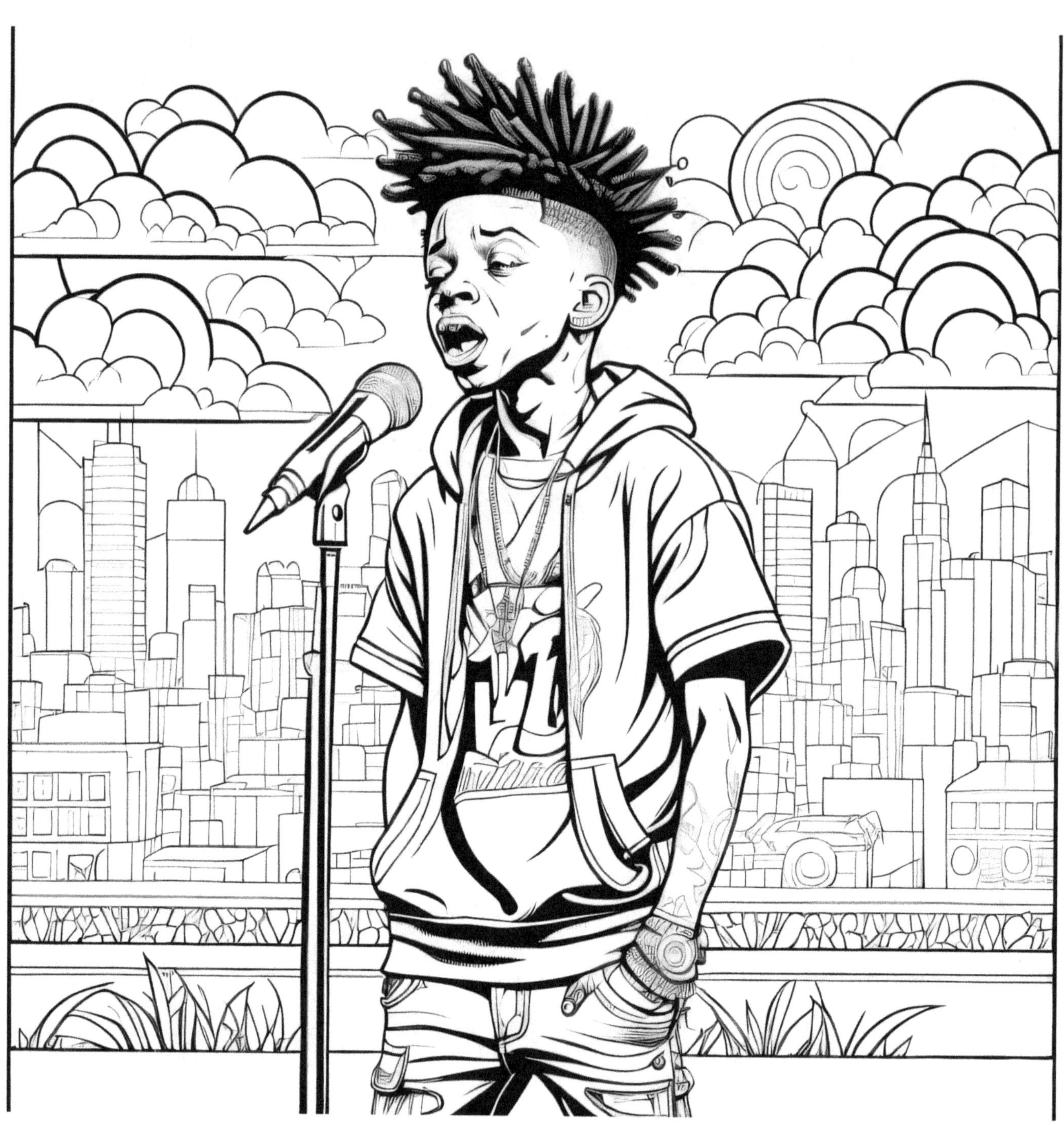

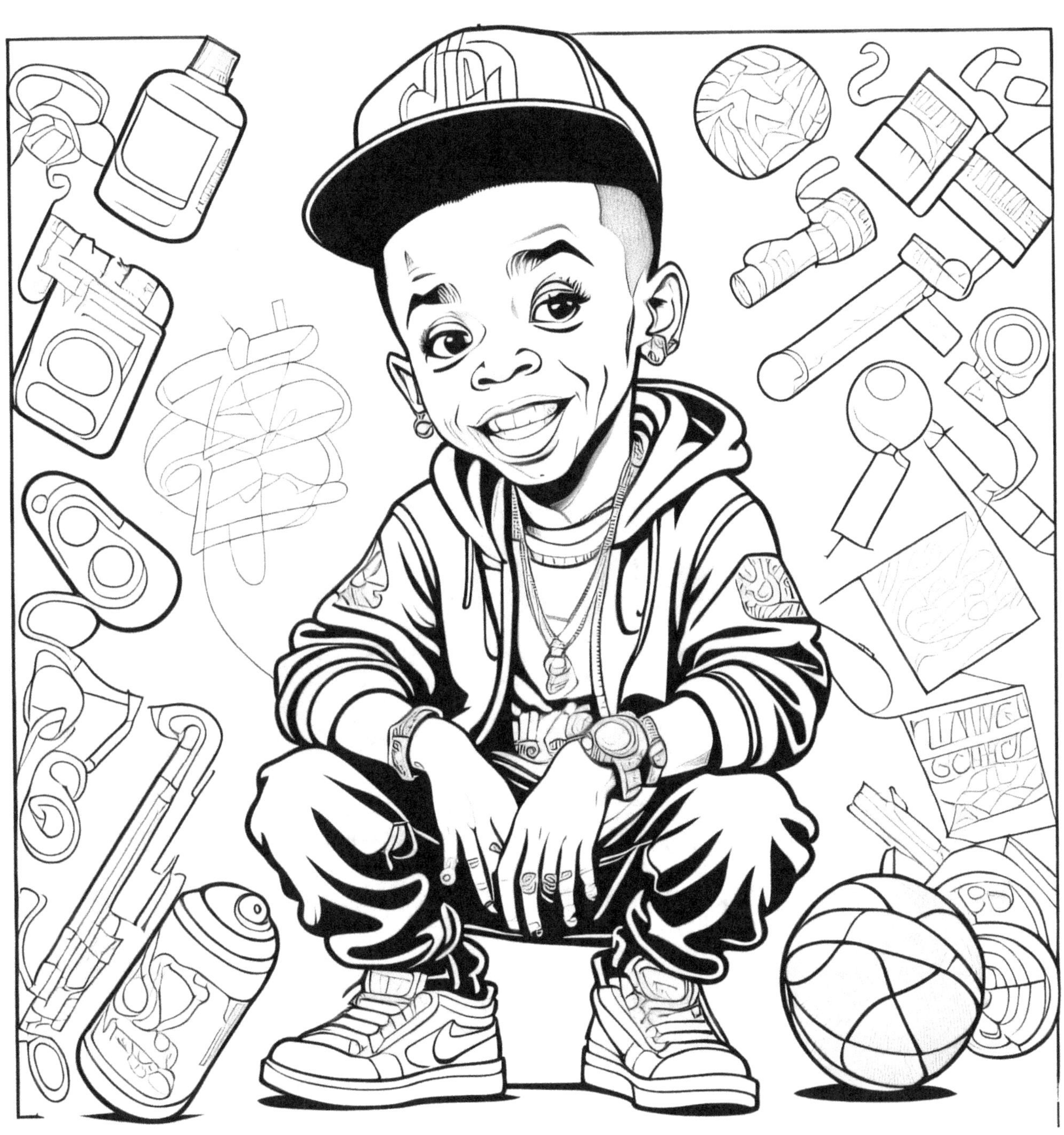

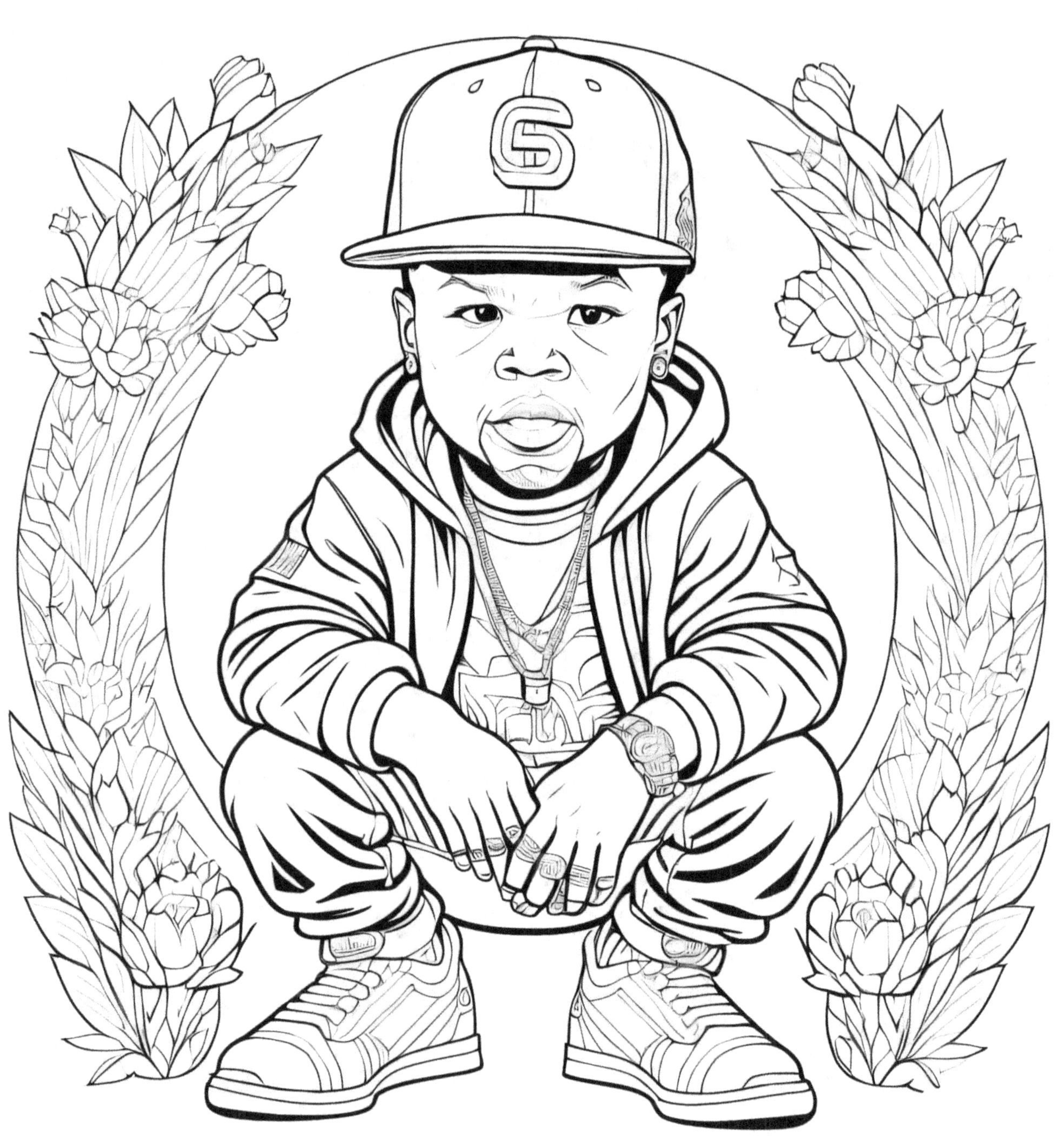

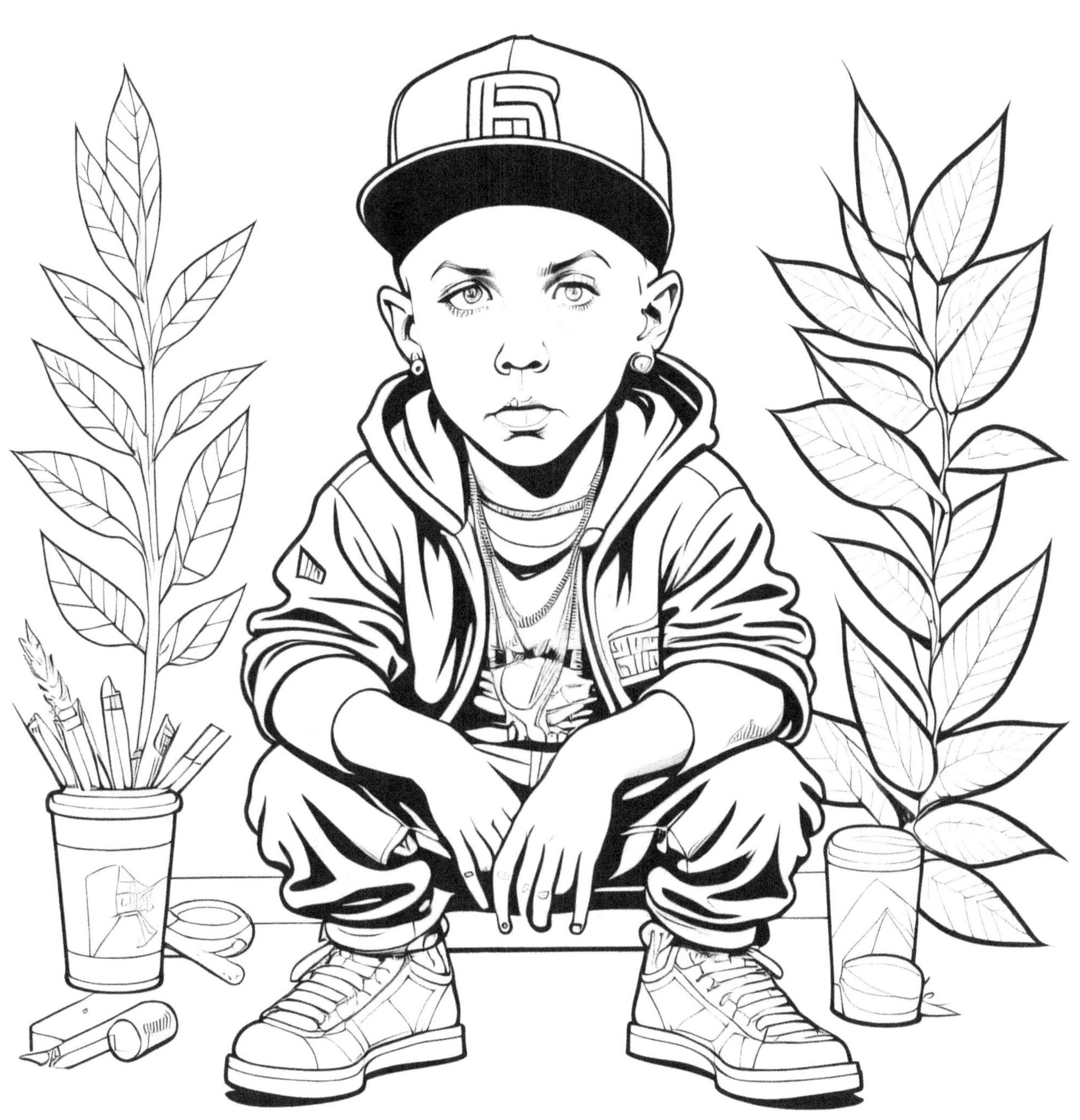

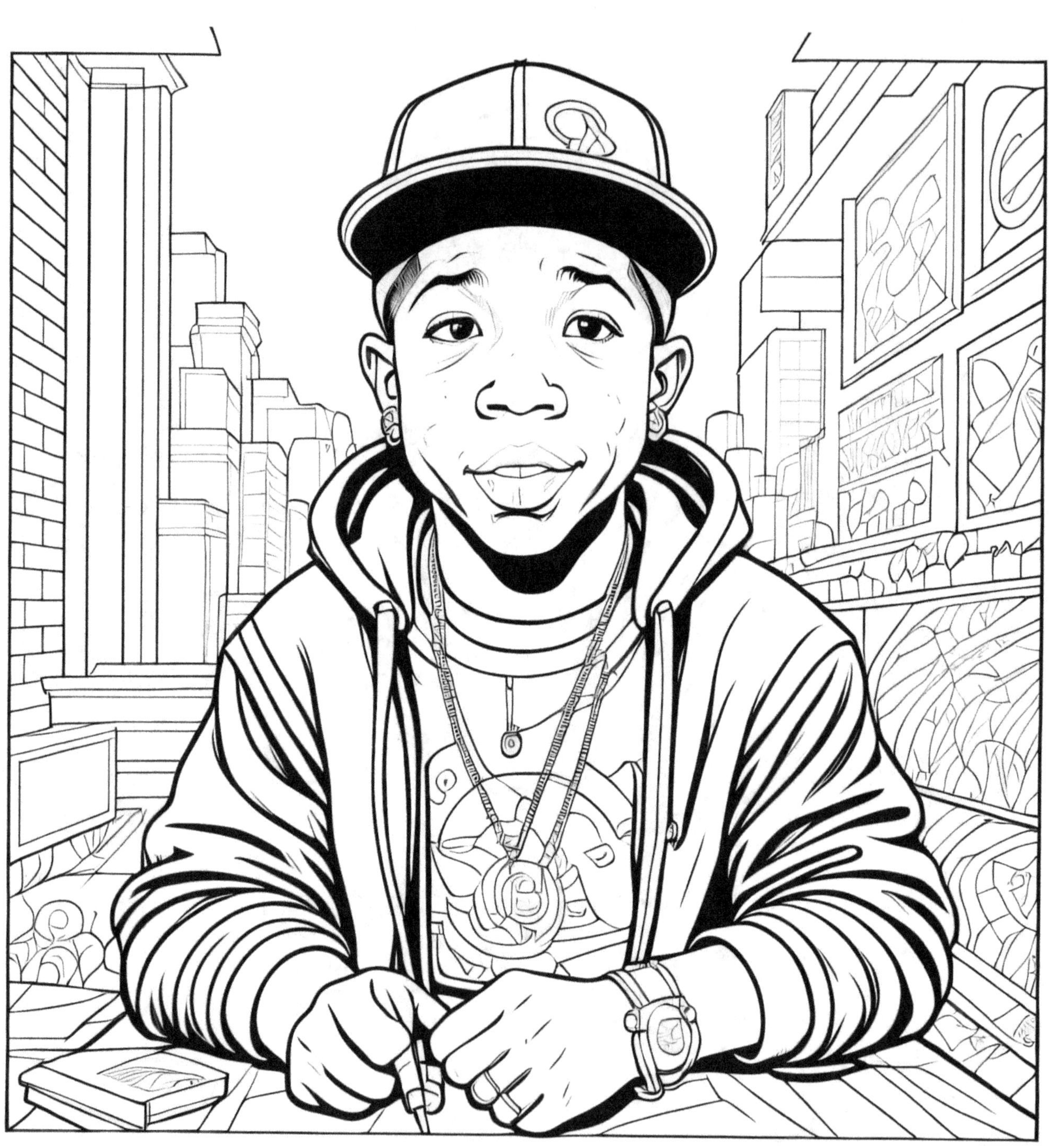

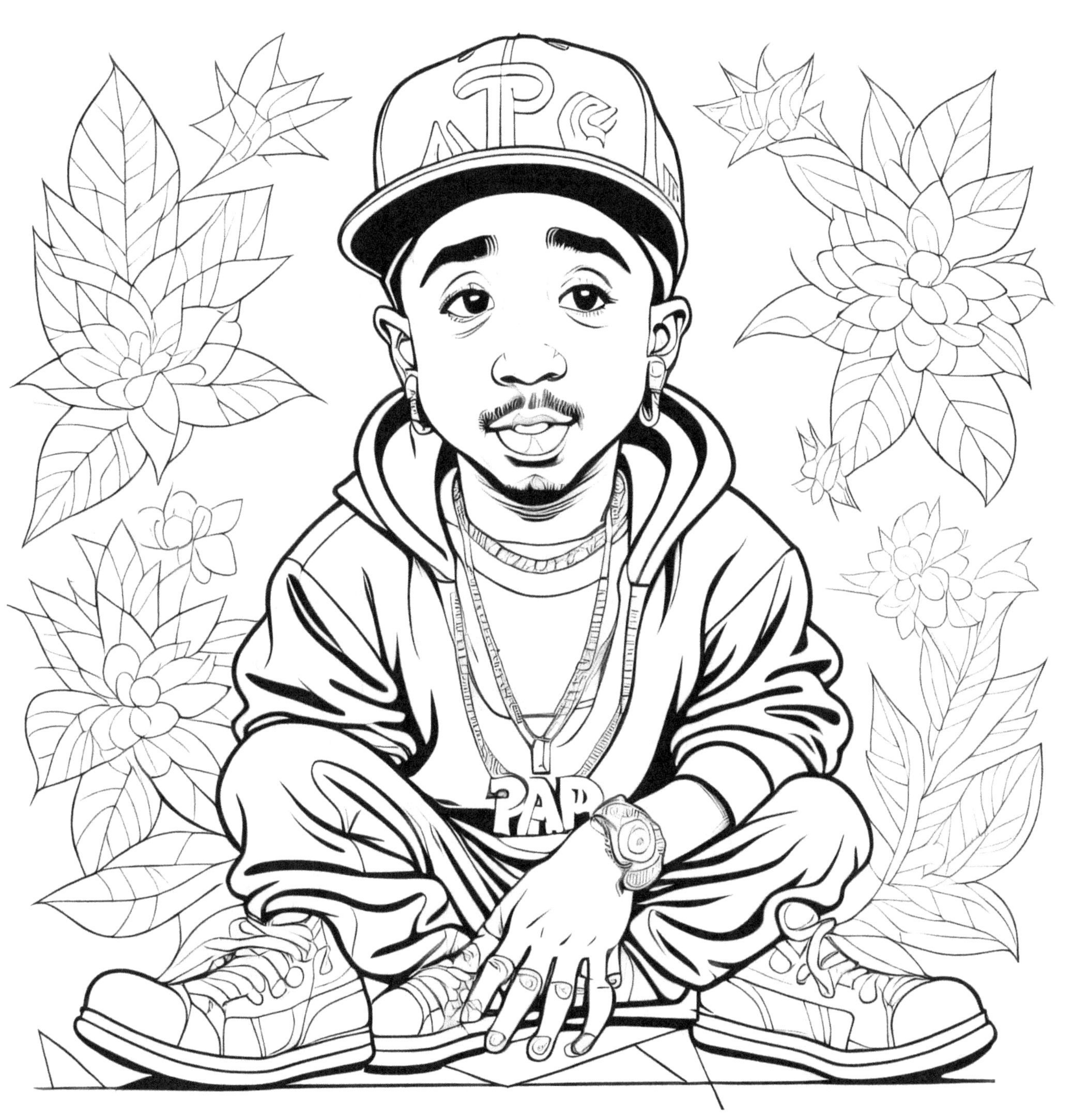

PAP

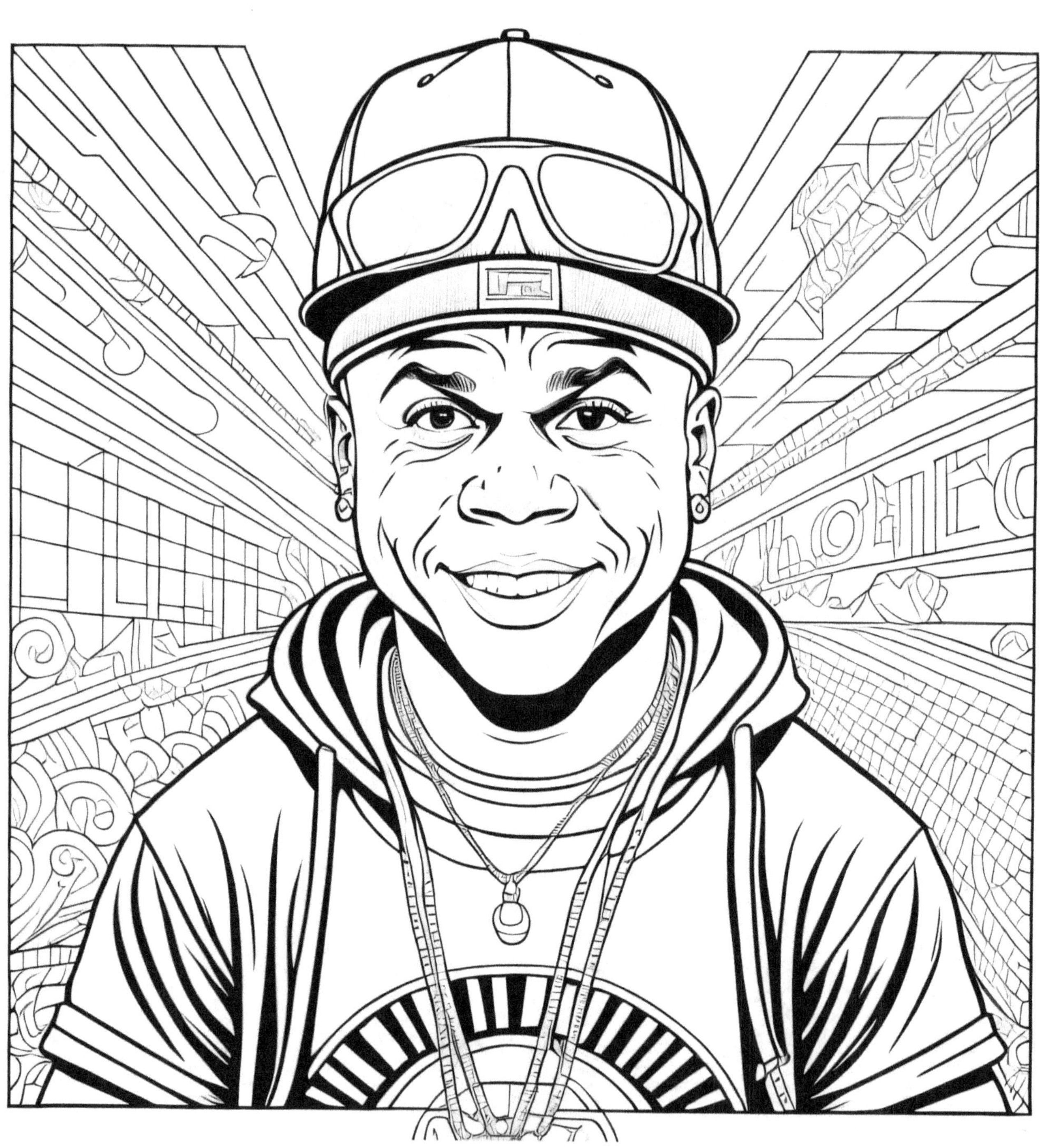

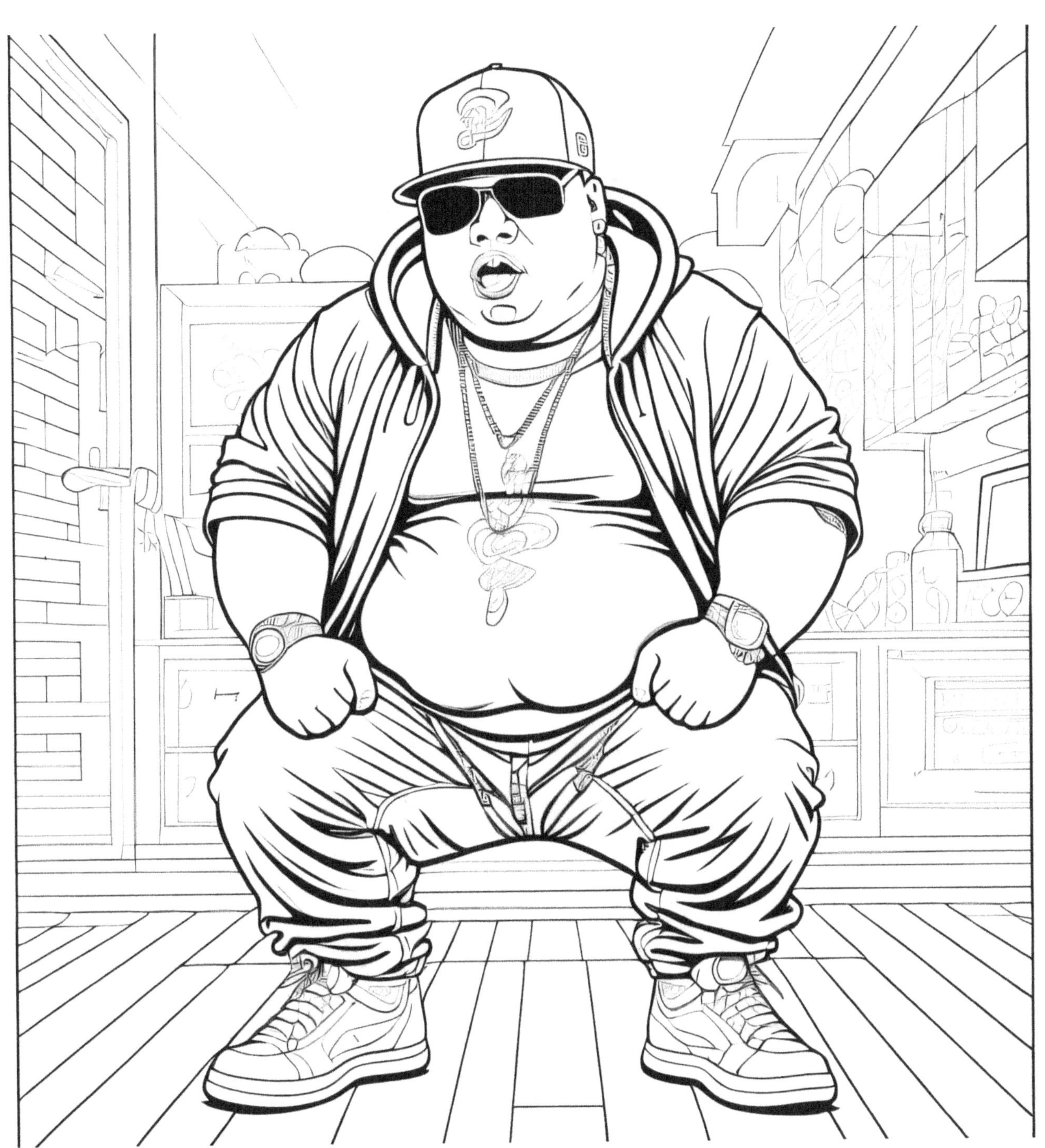

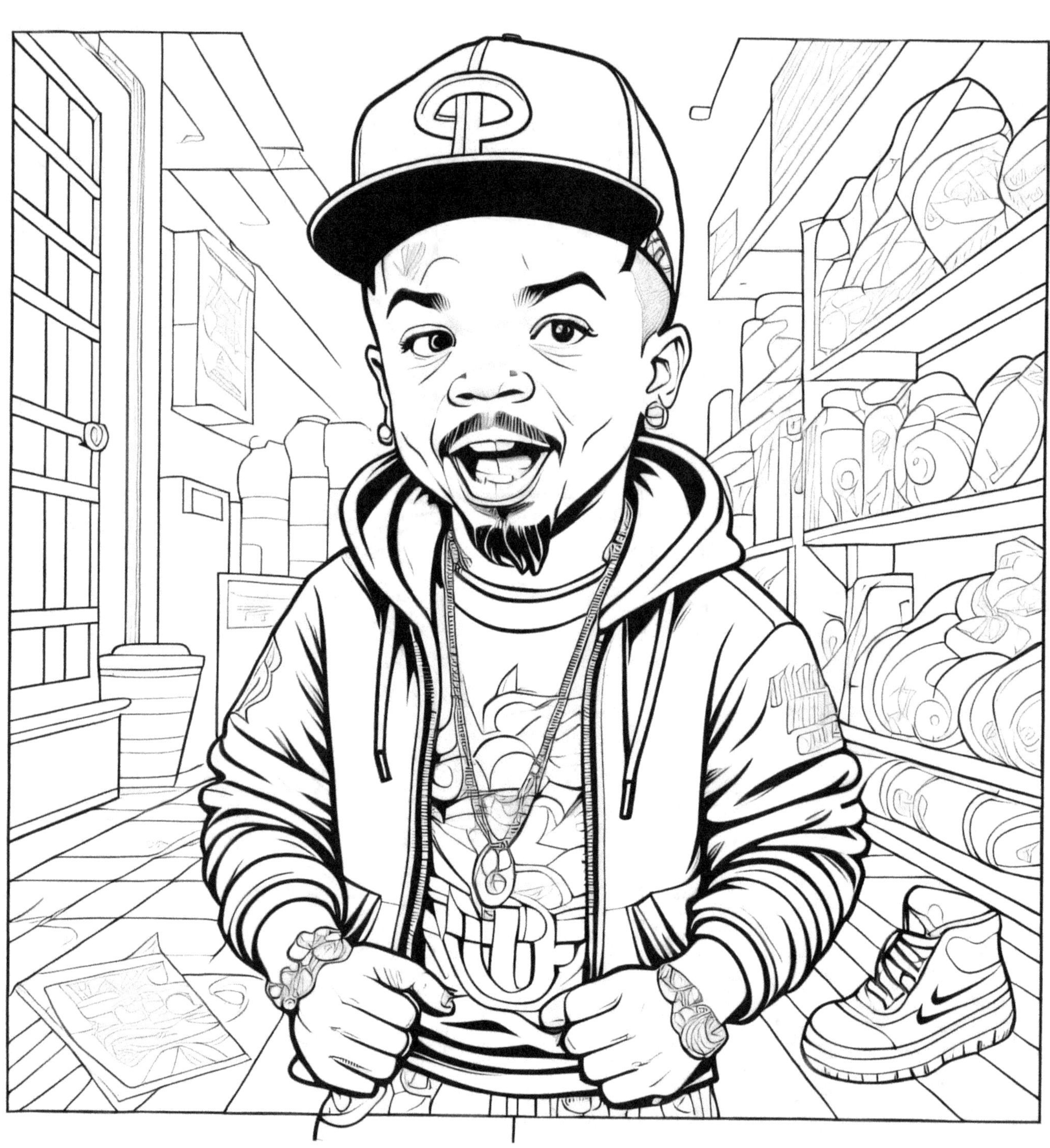

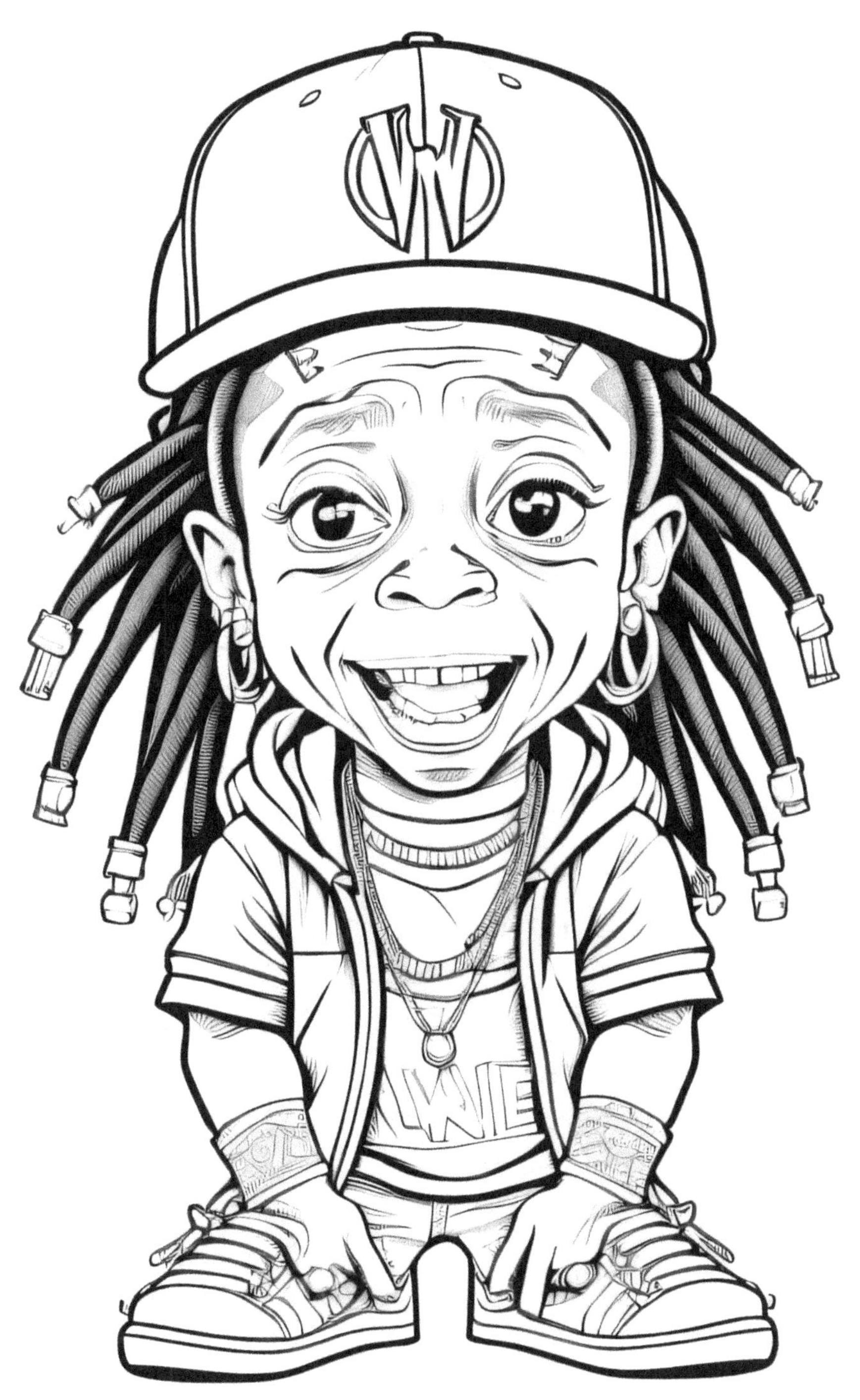

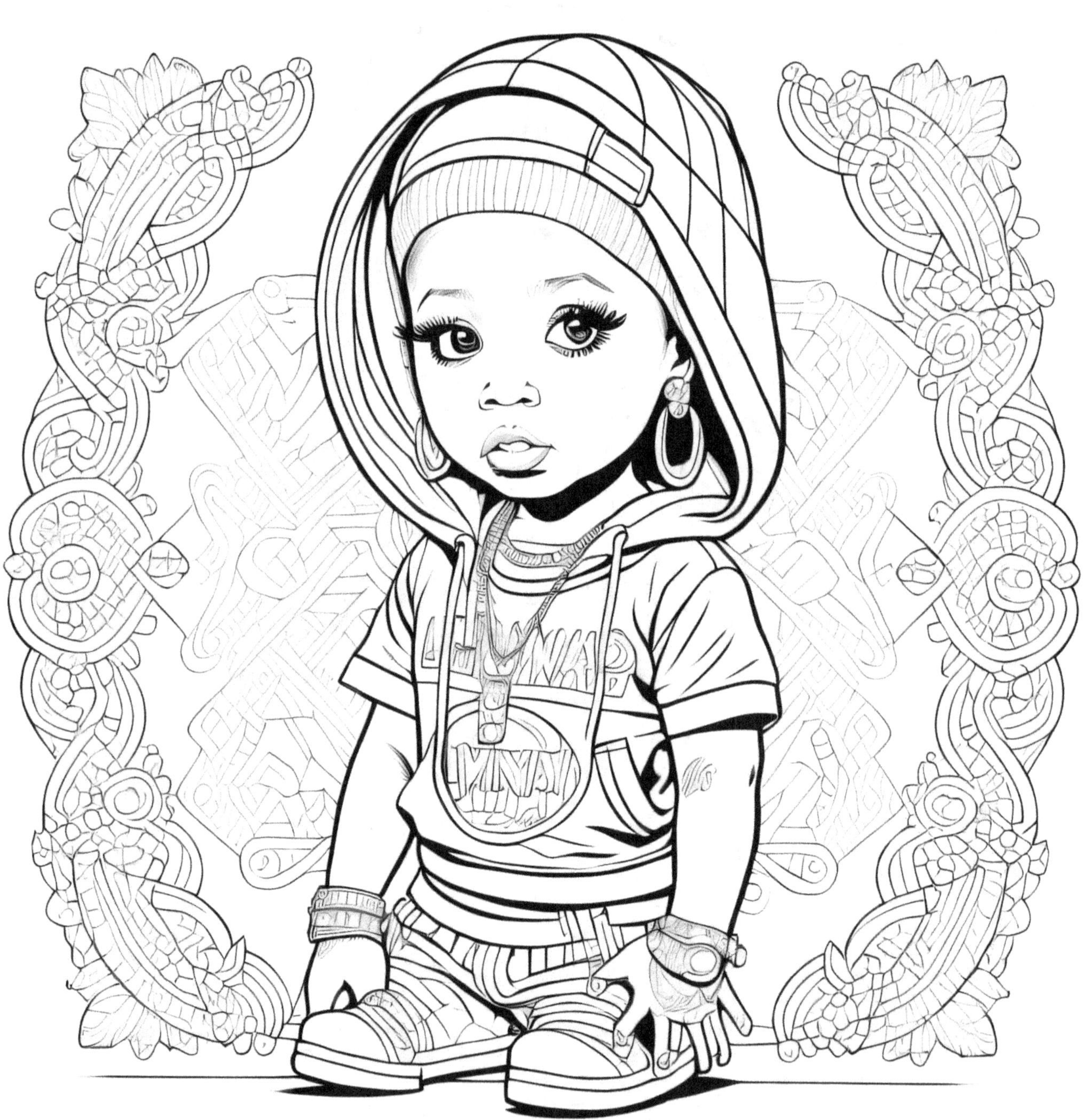

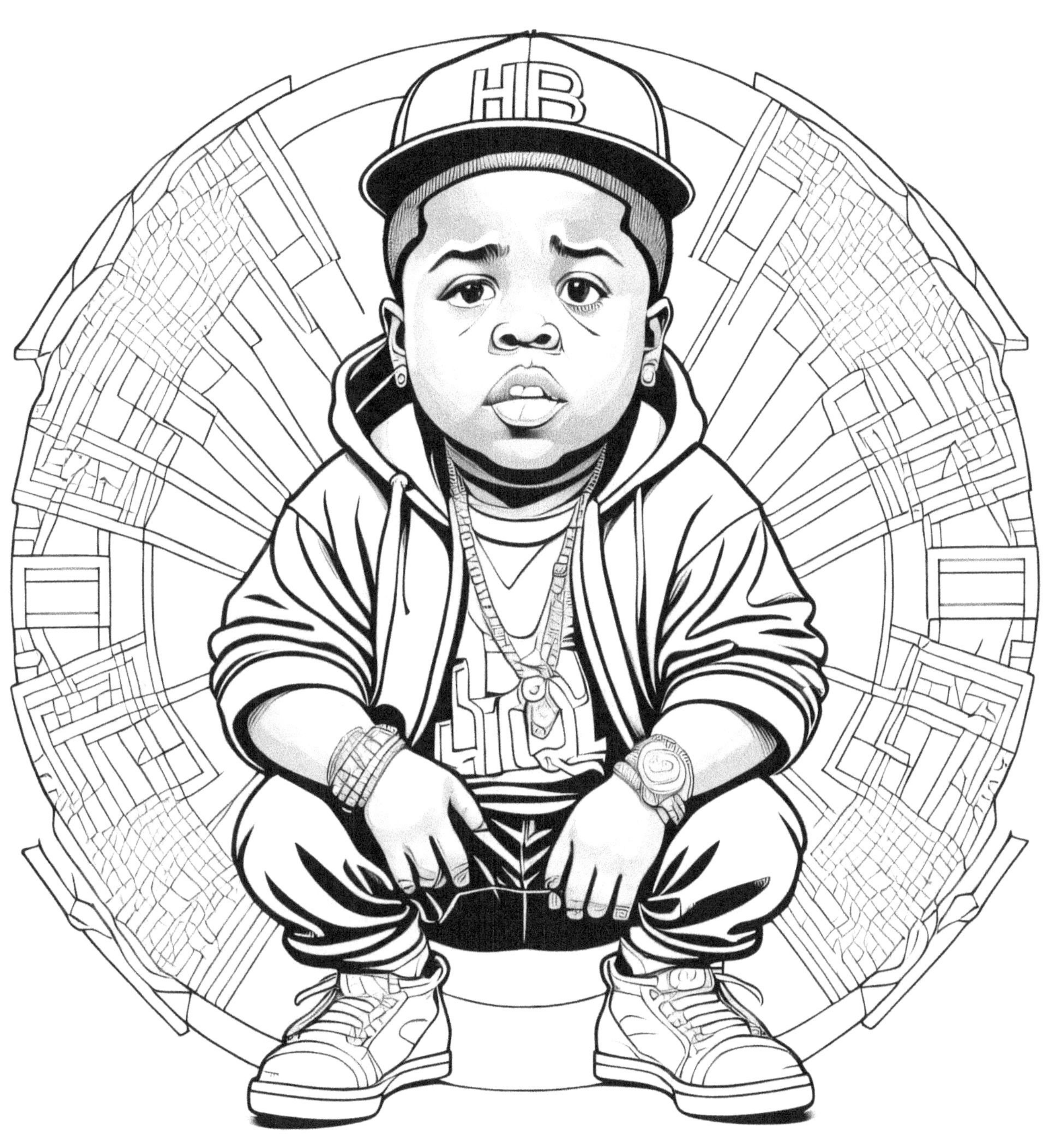
HB

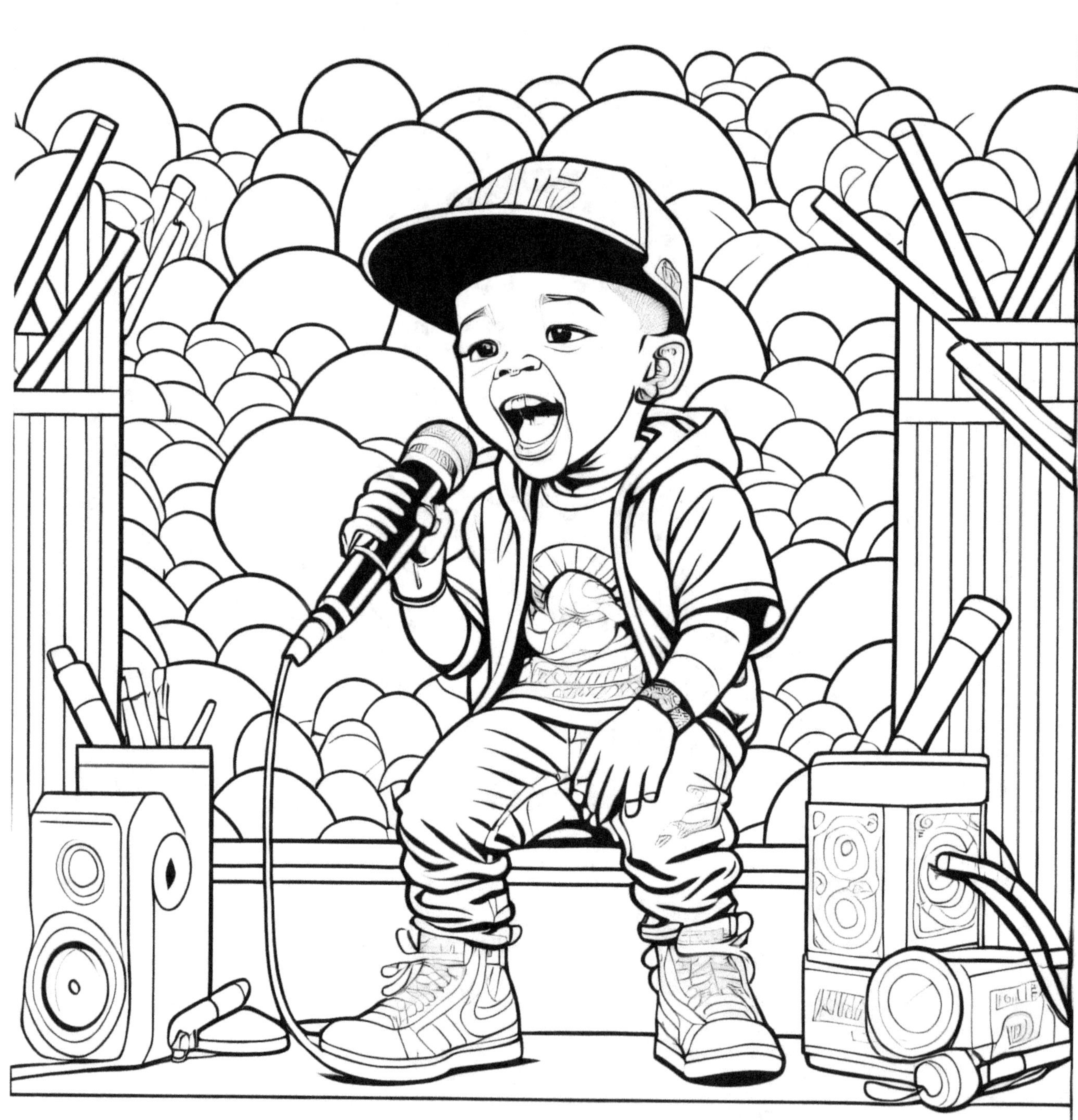

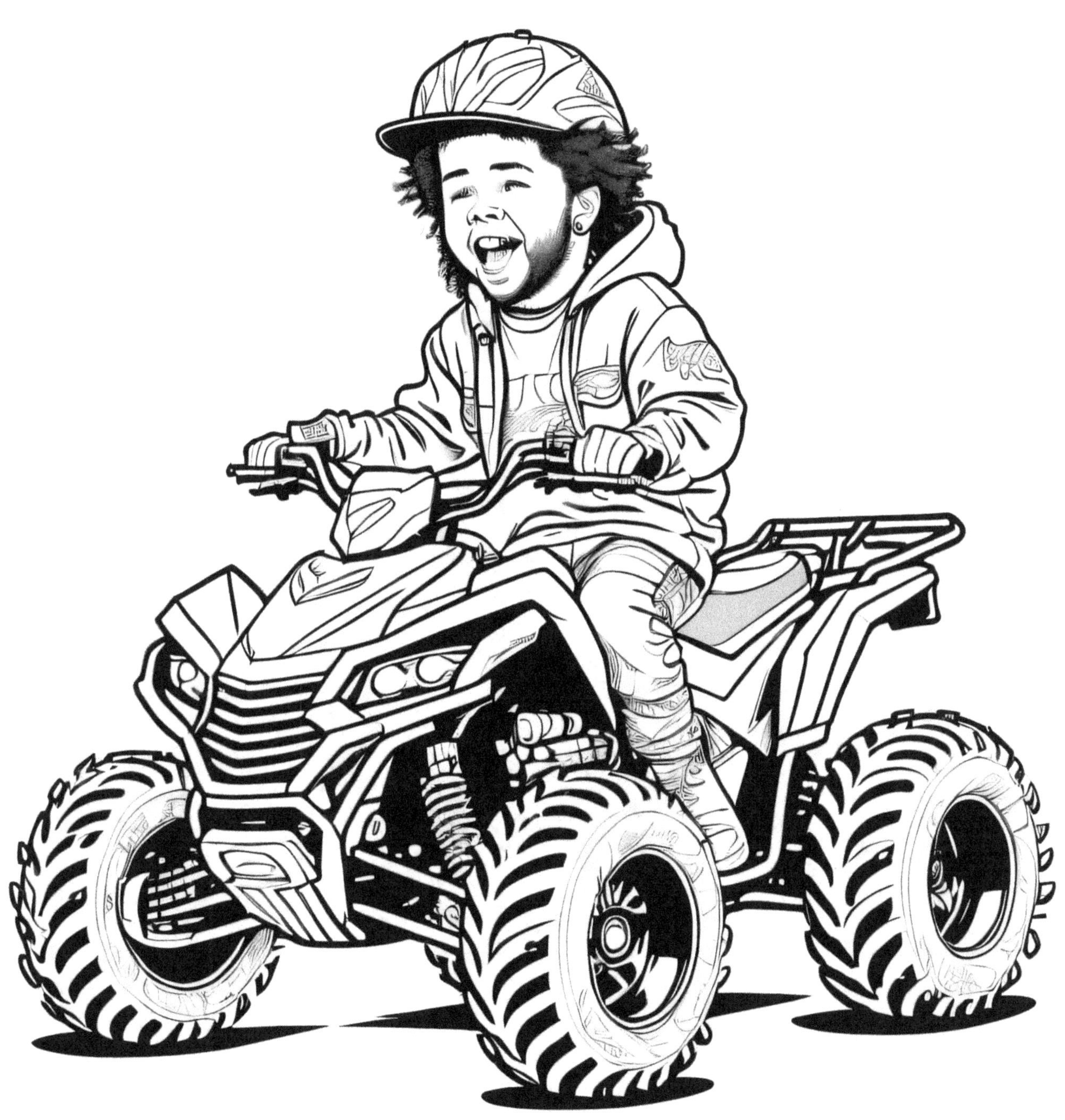

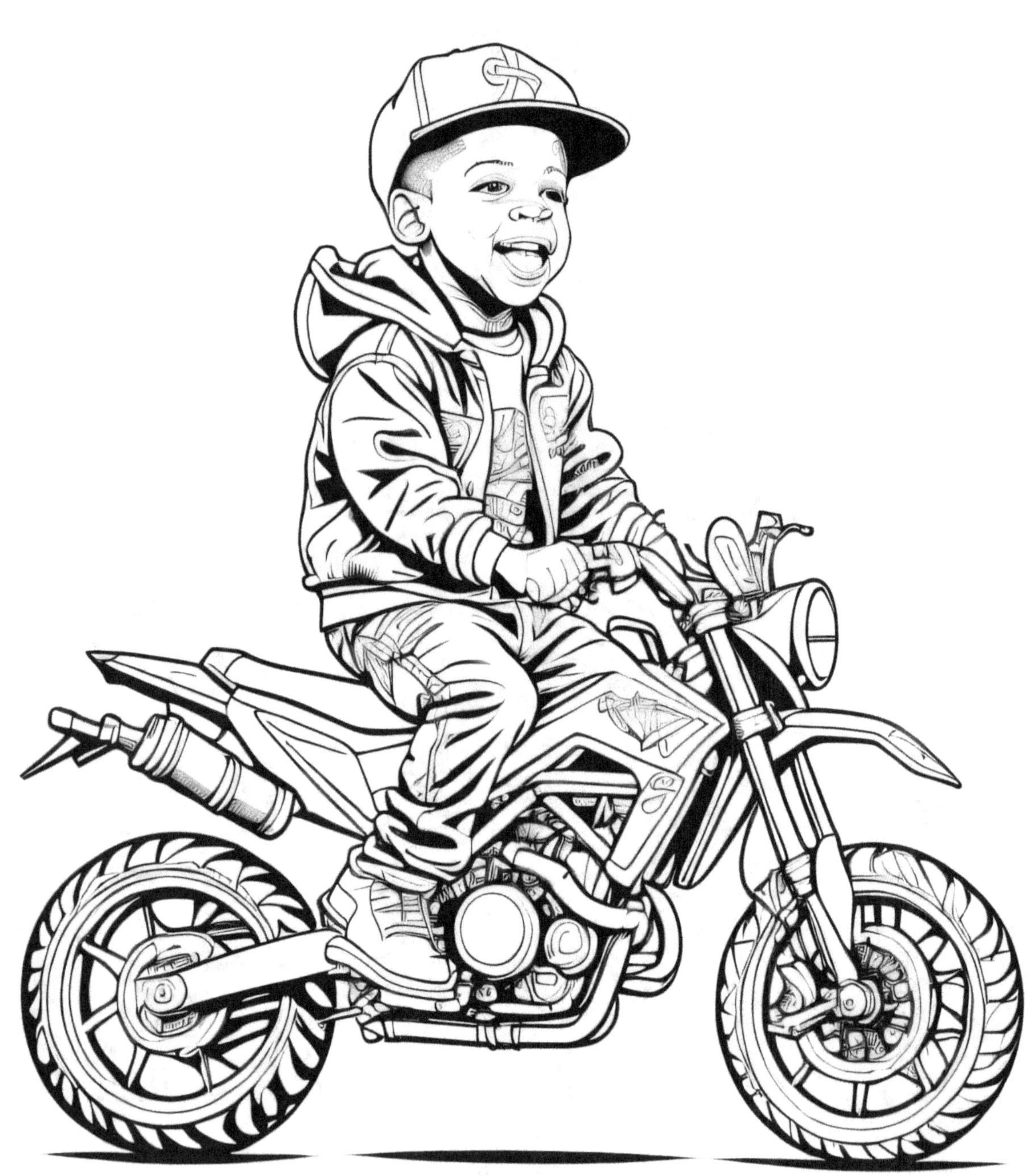

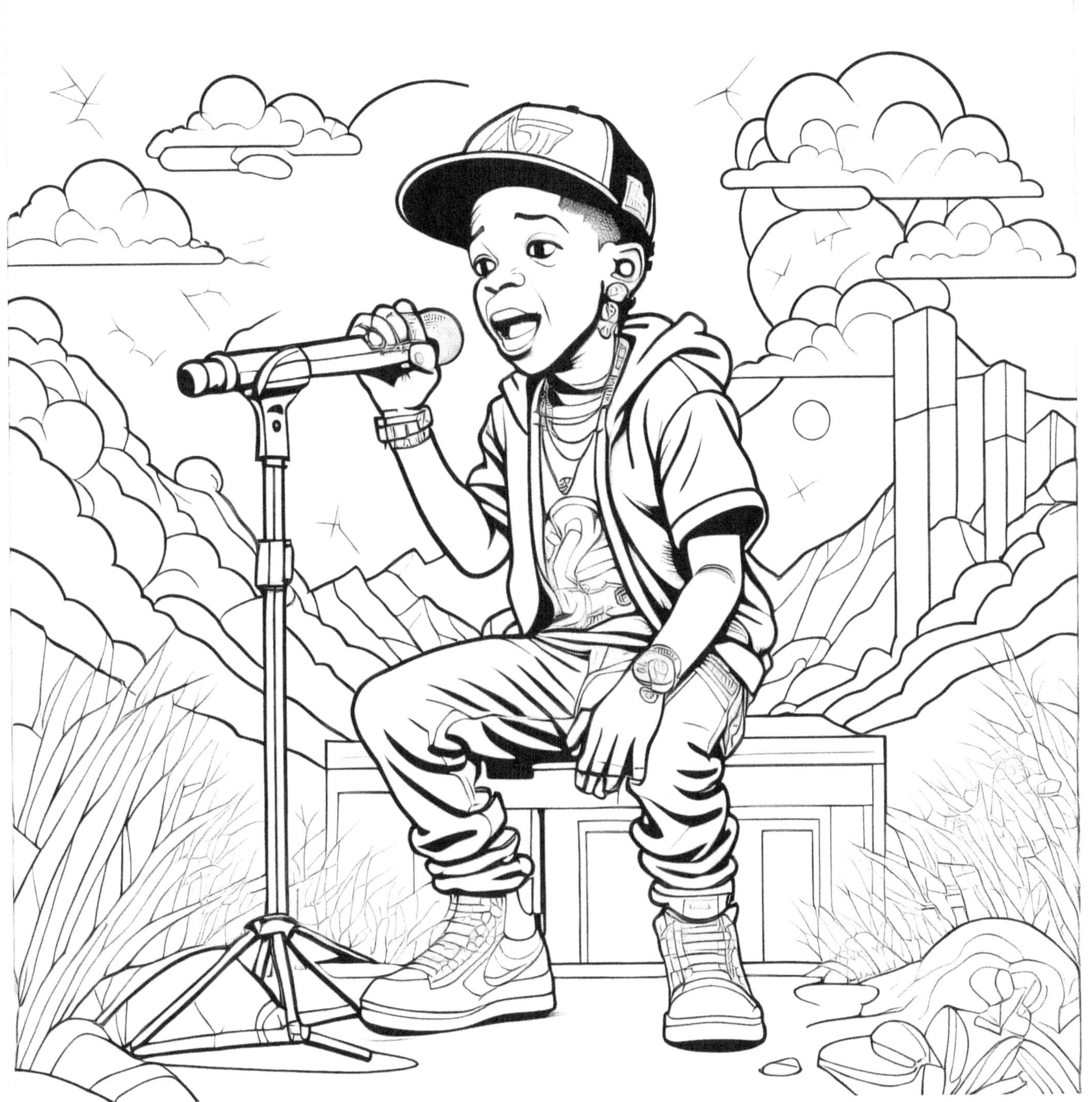

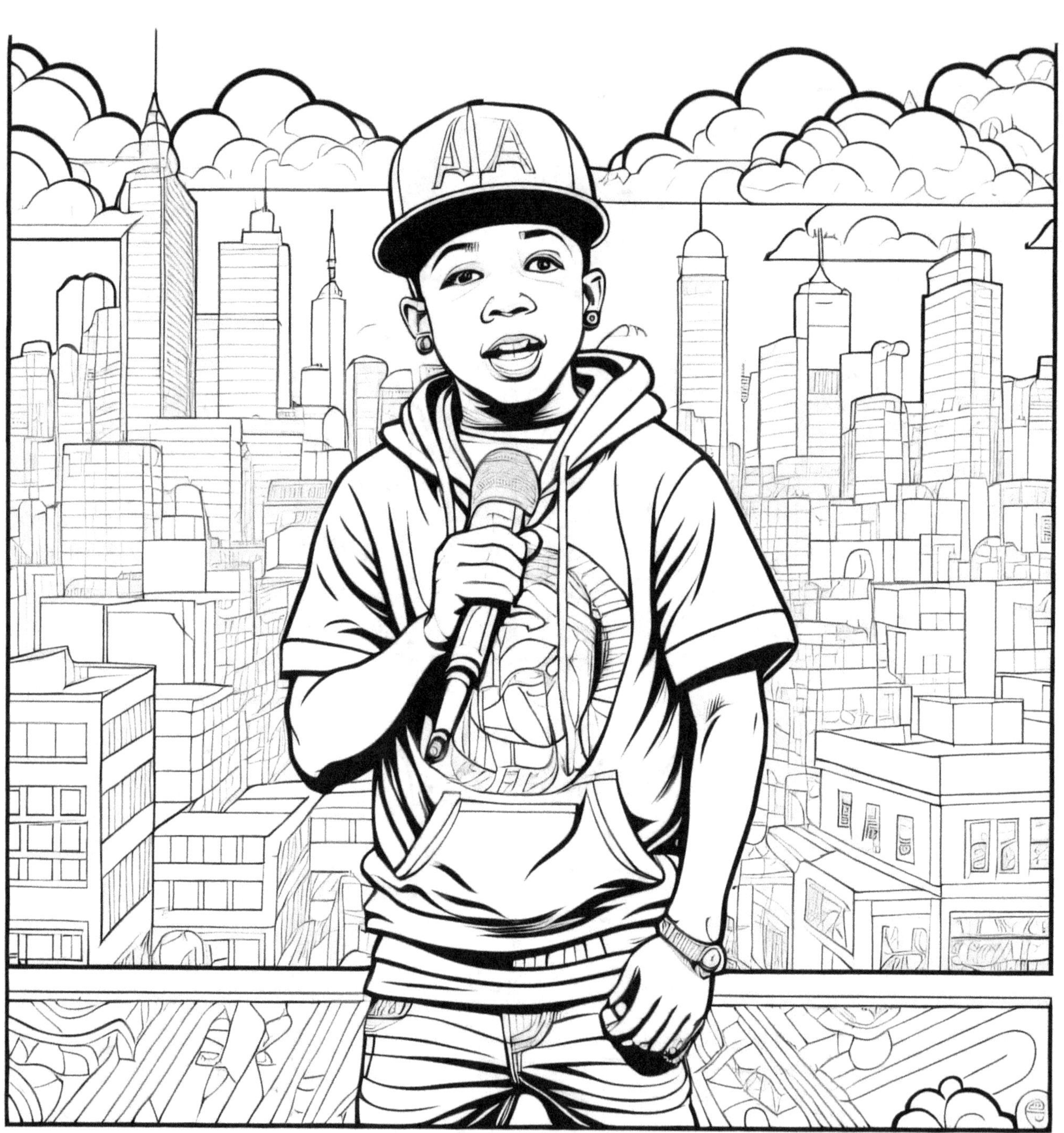

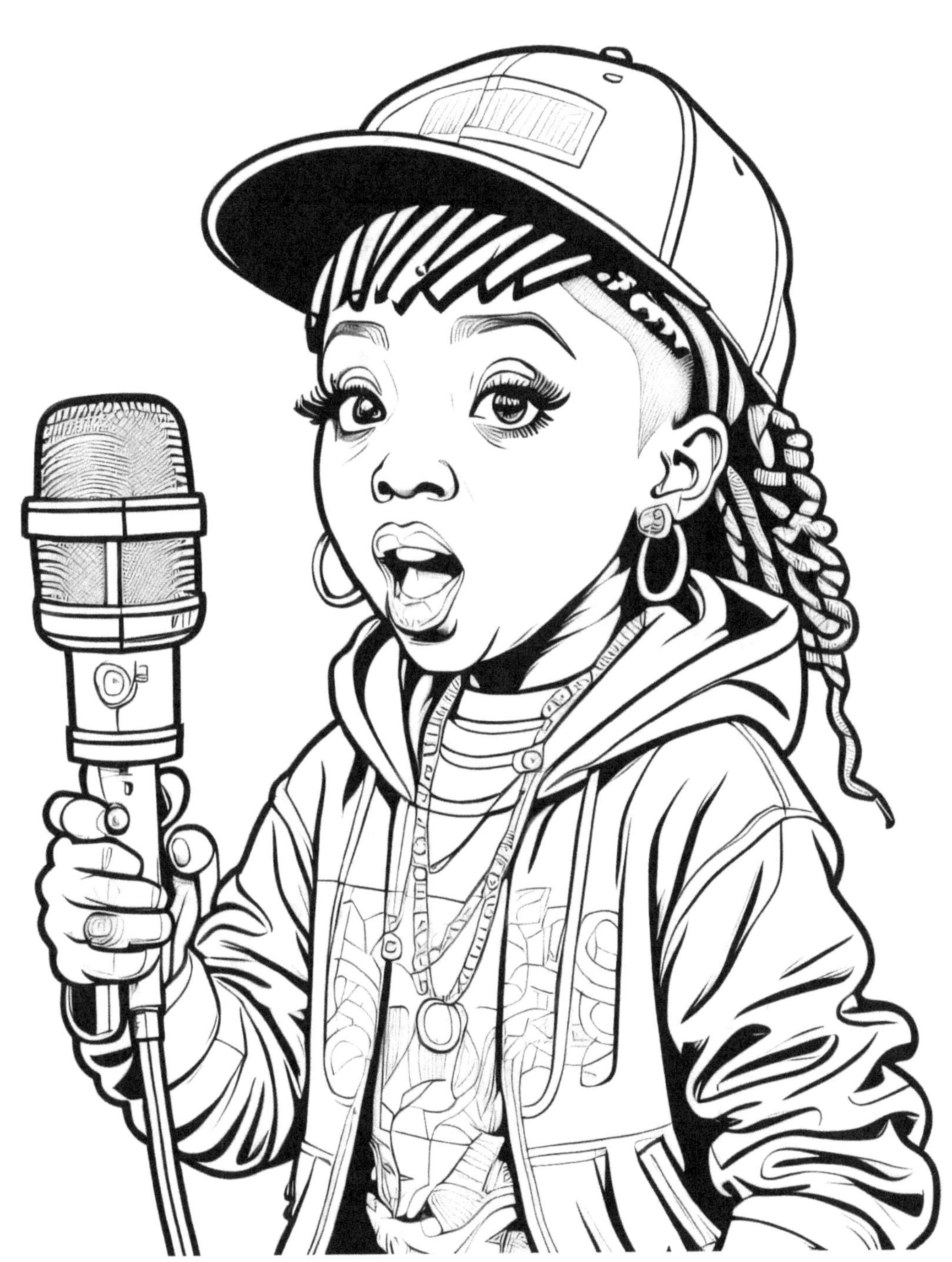

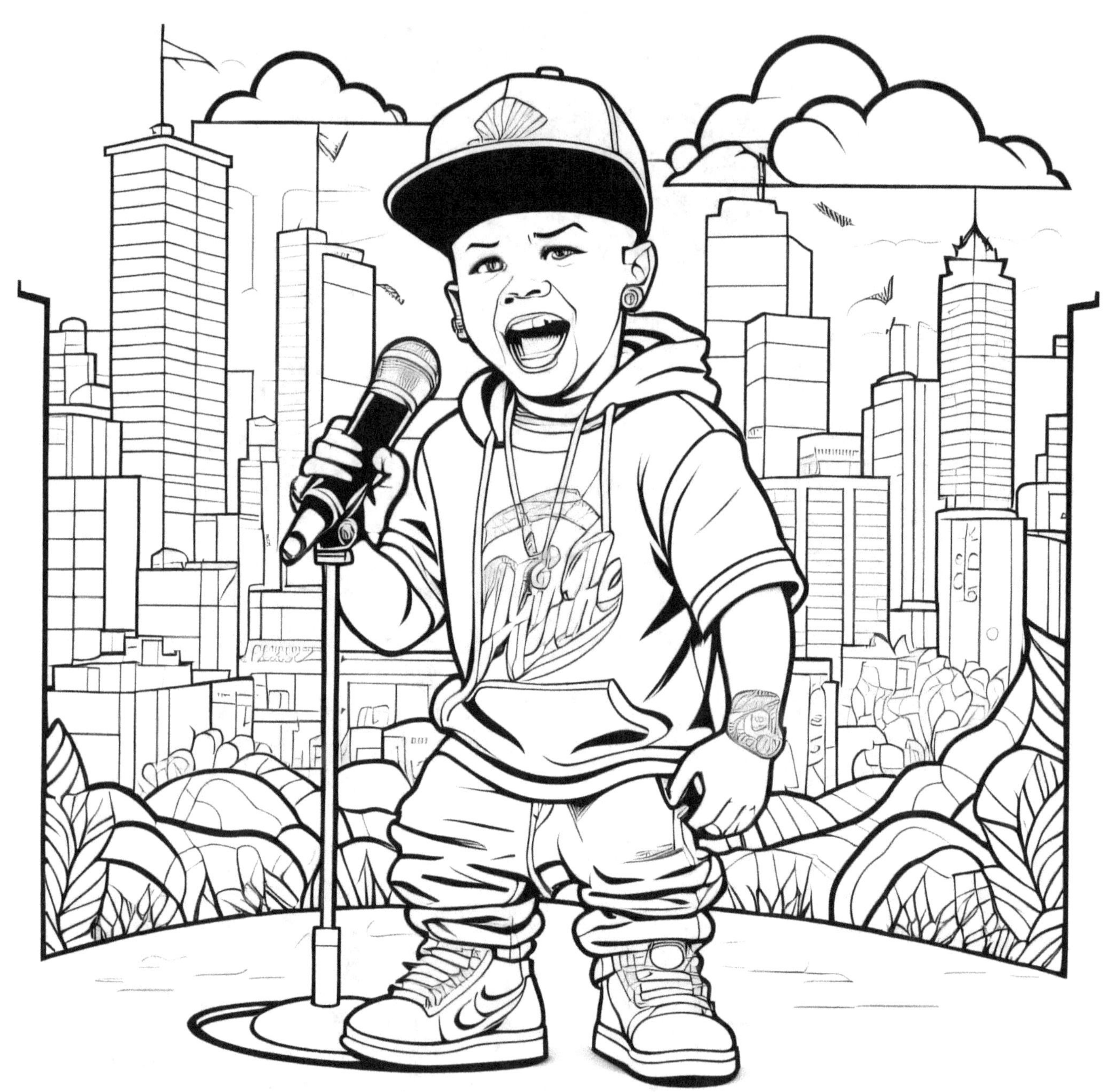

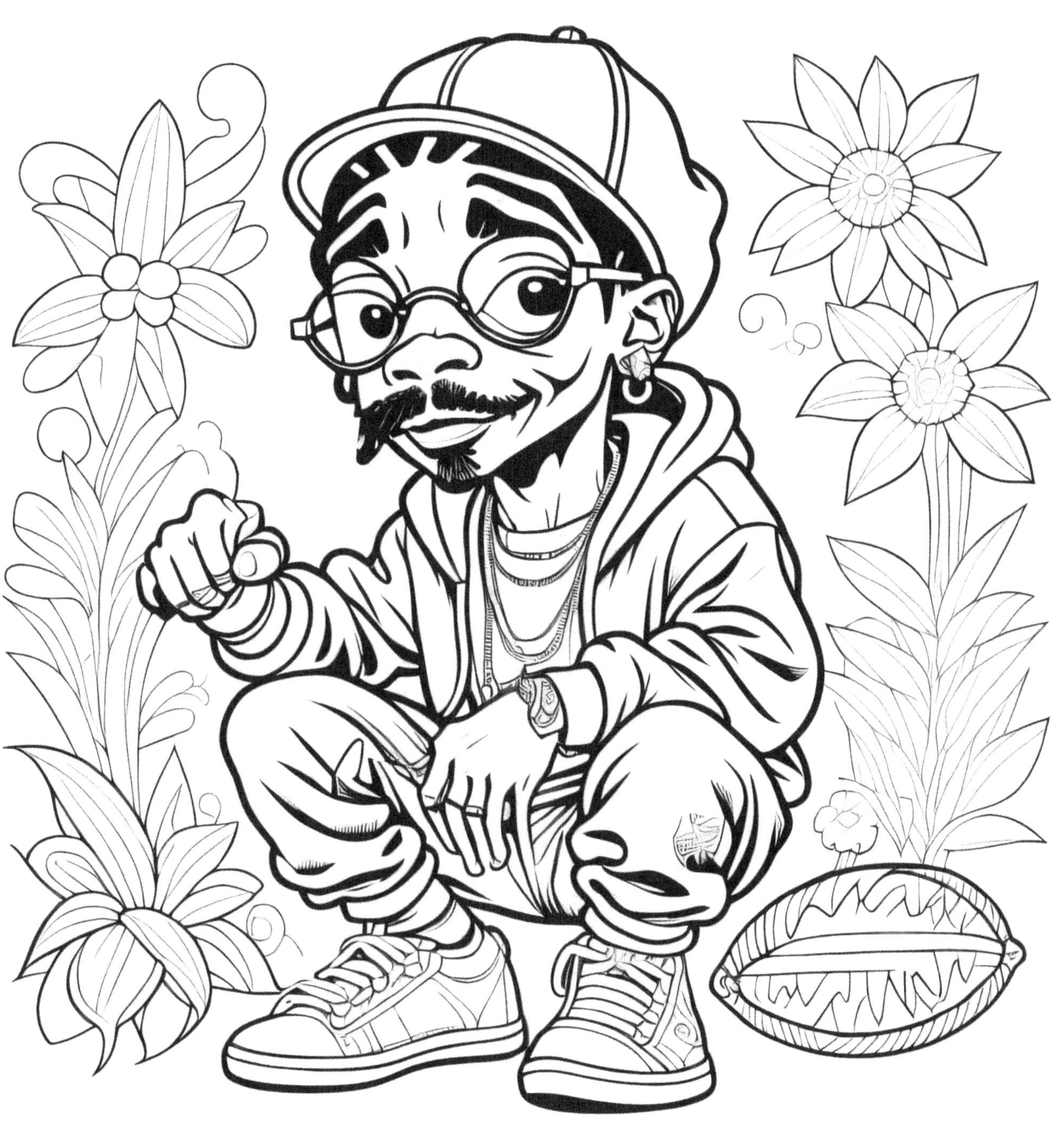

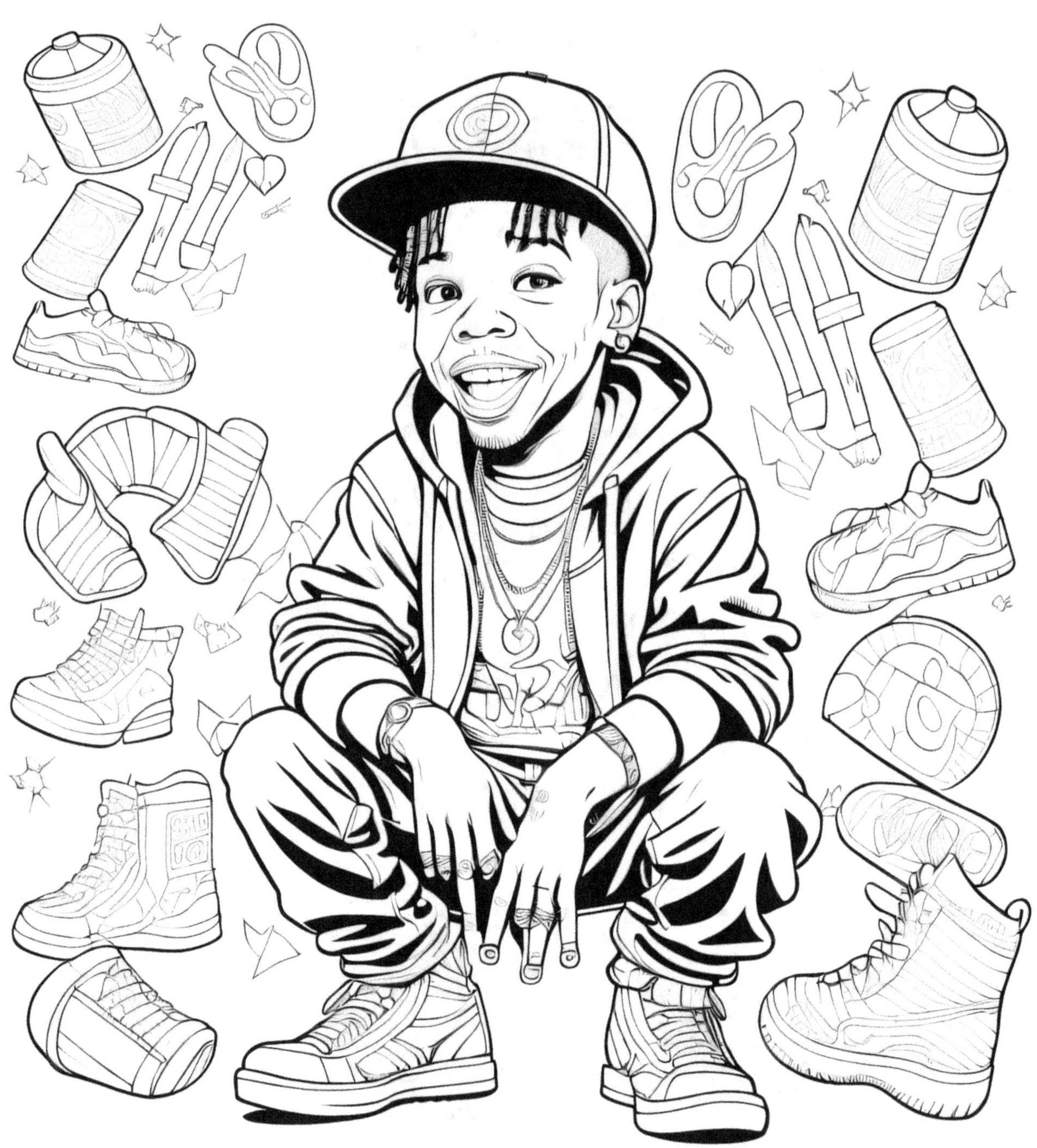

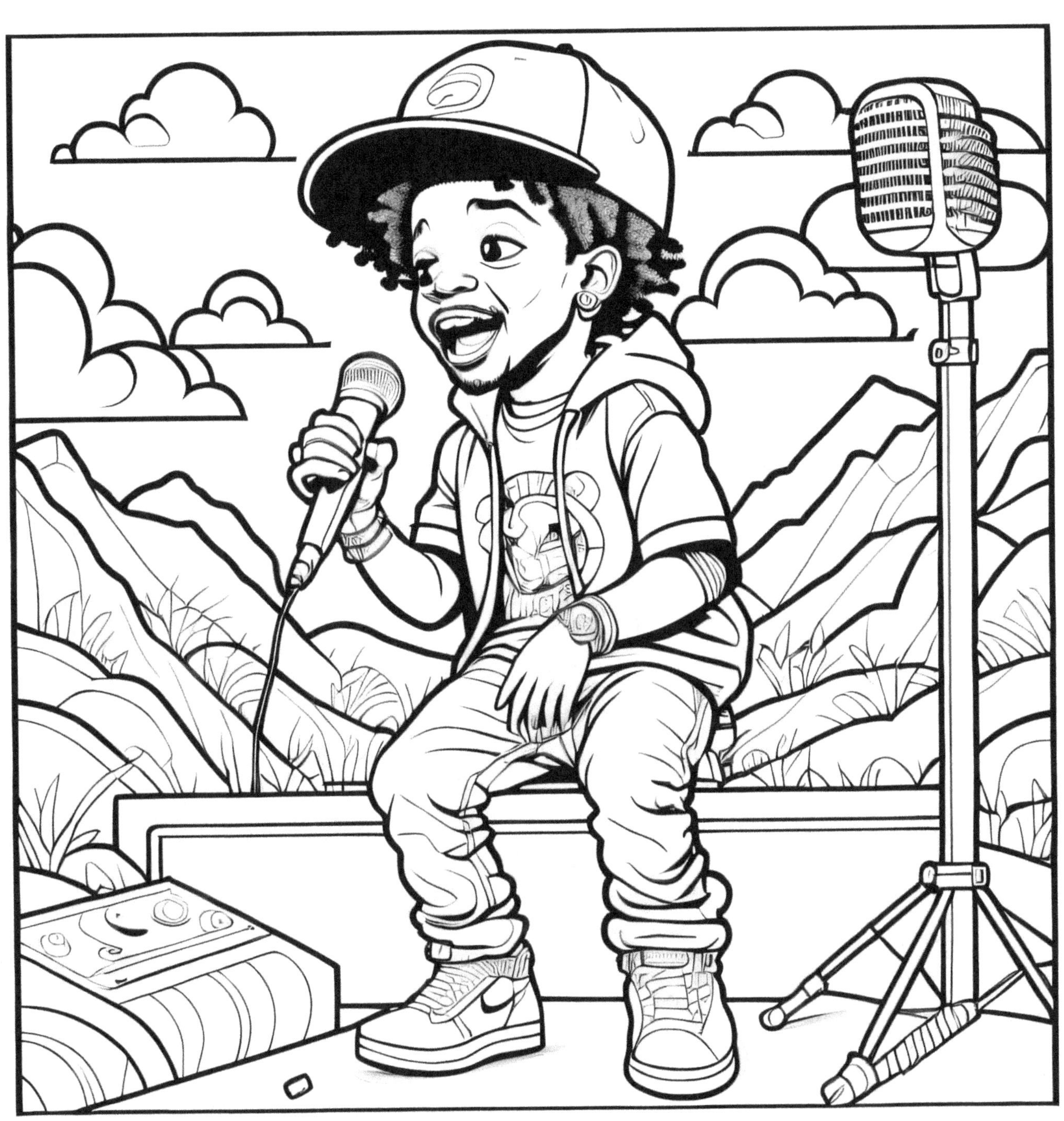

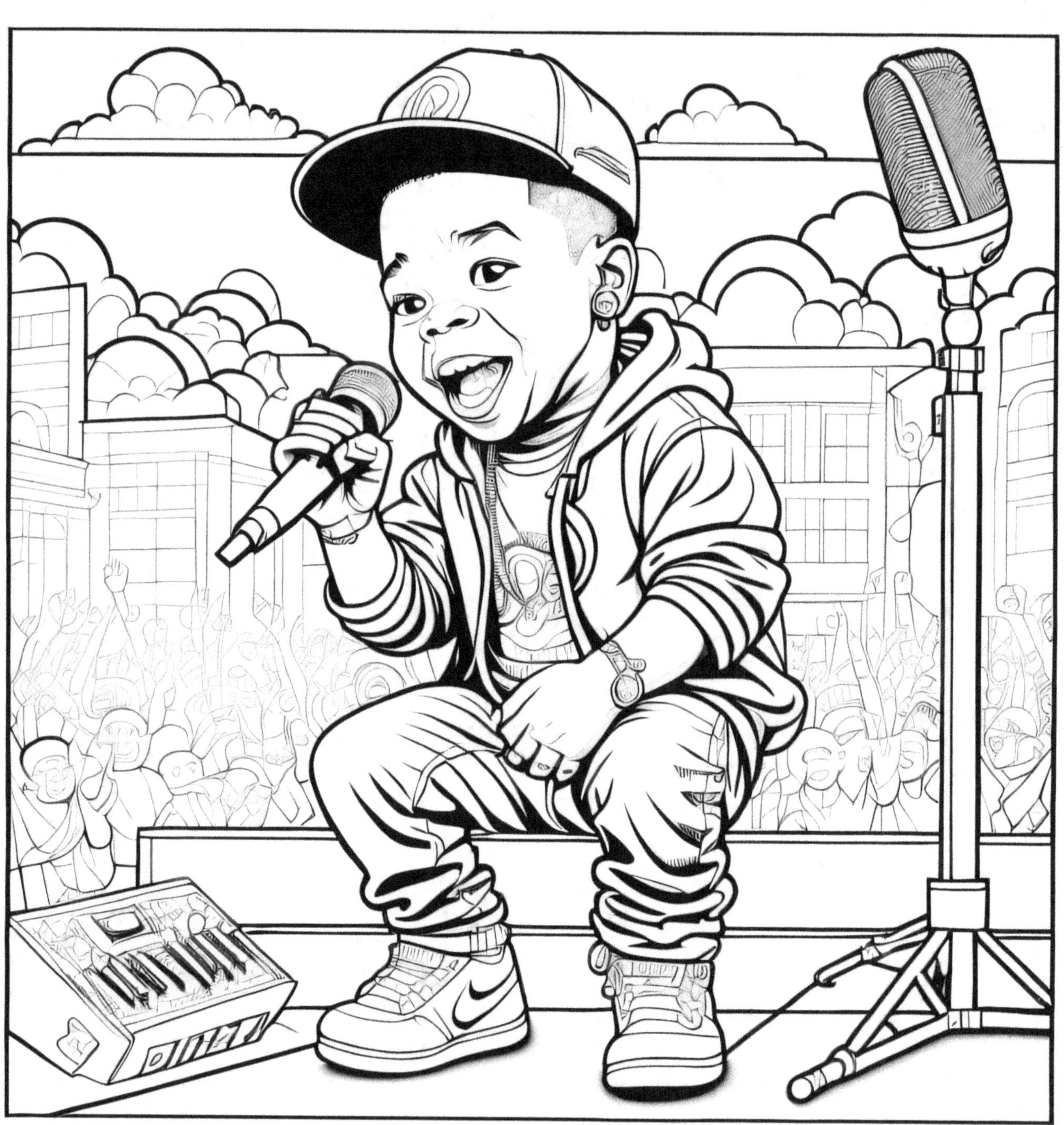

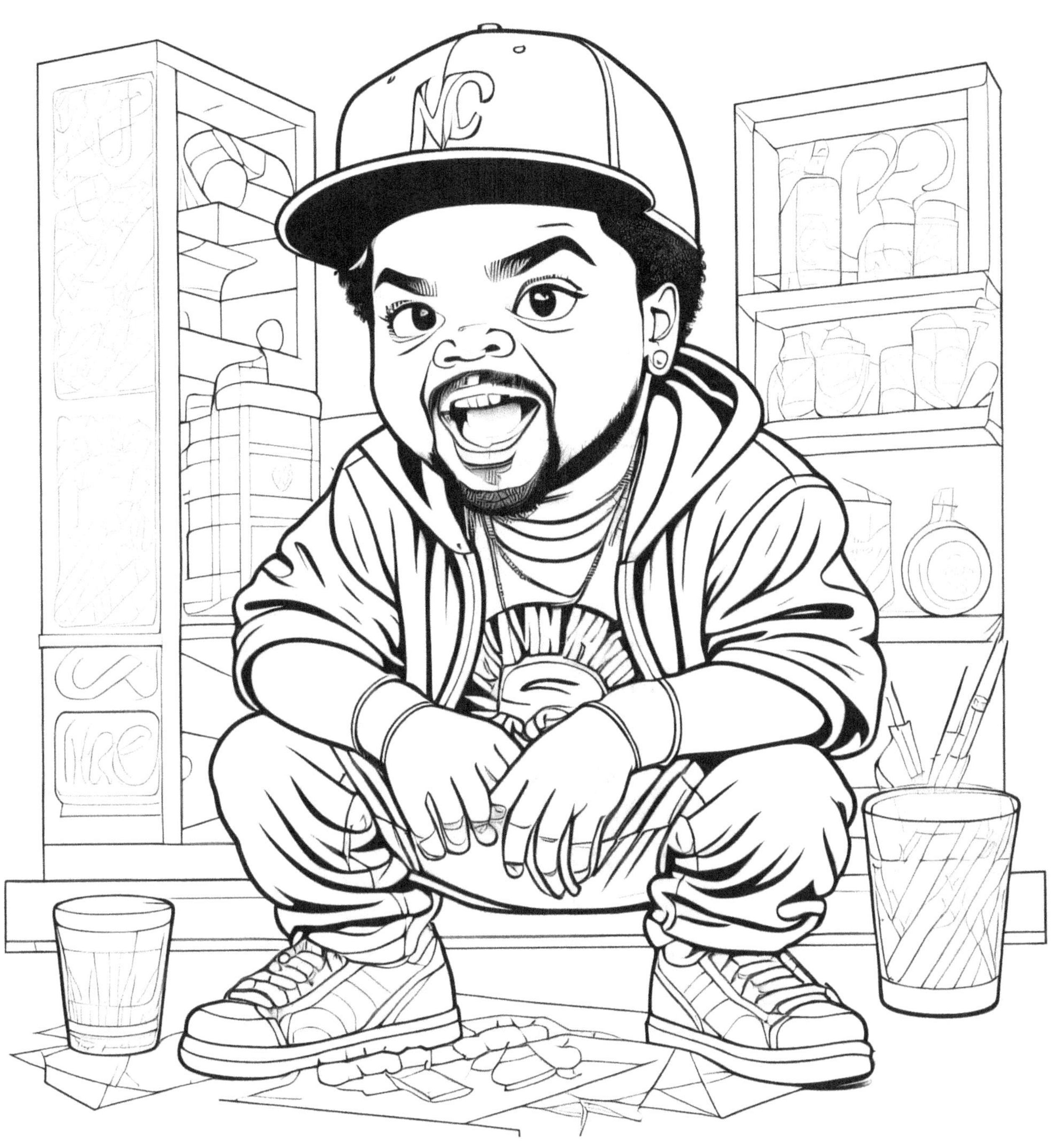

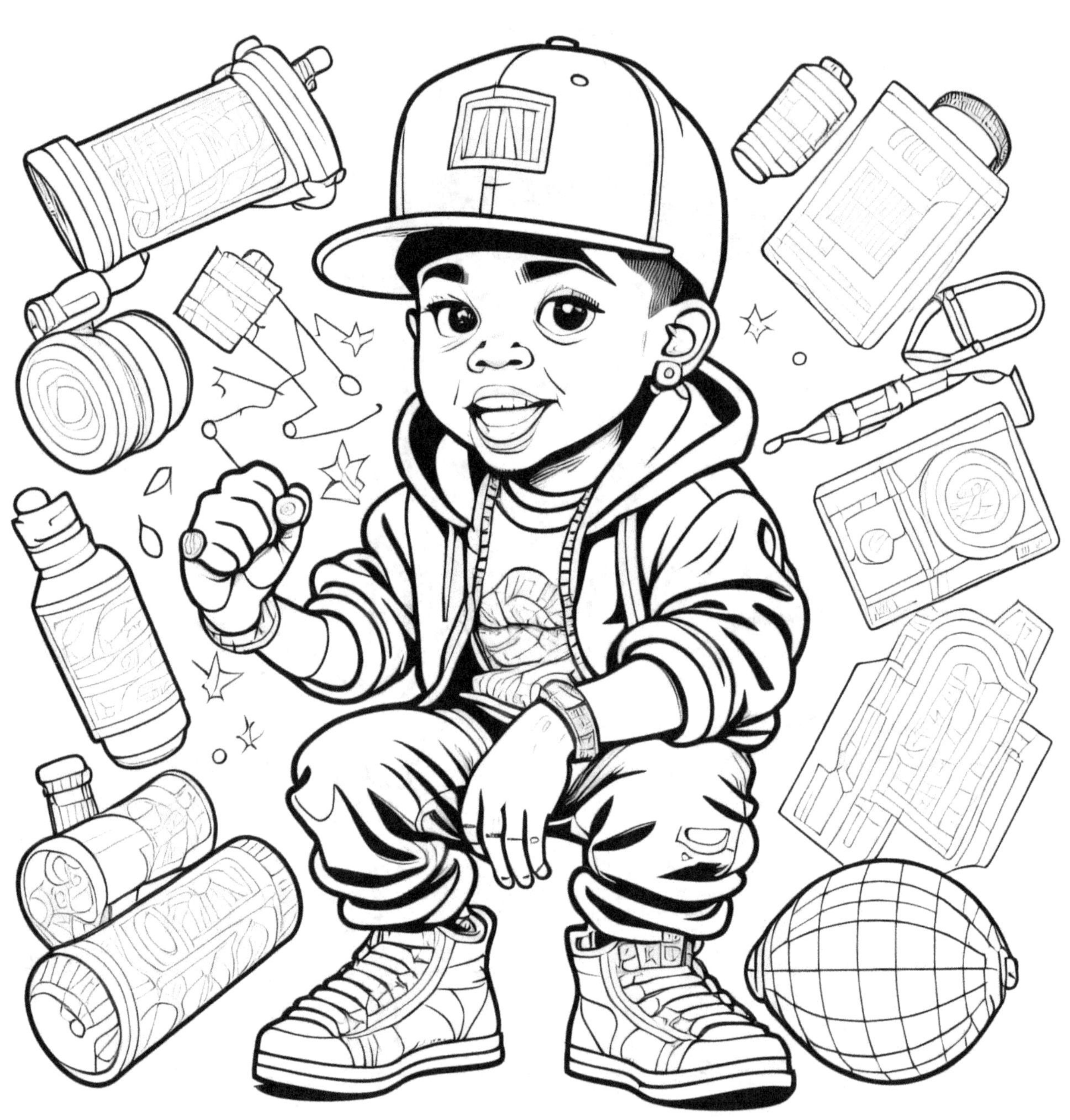

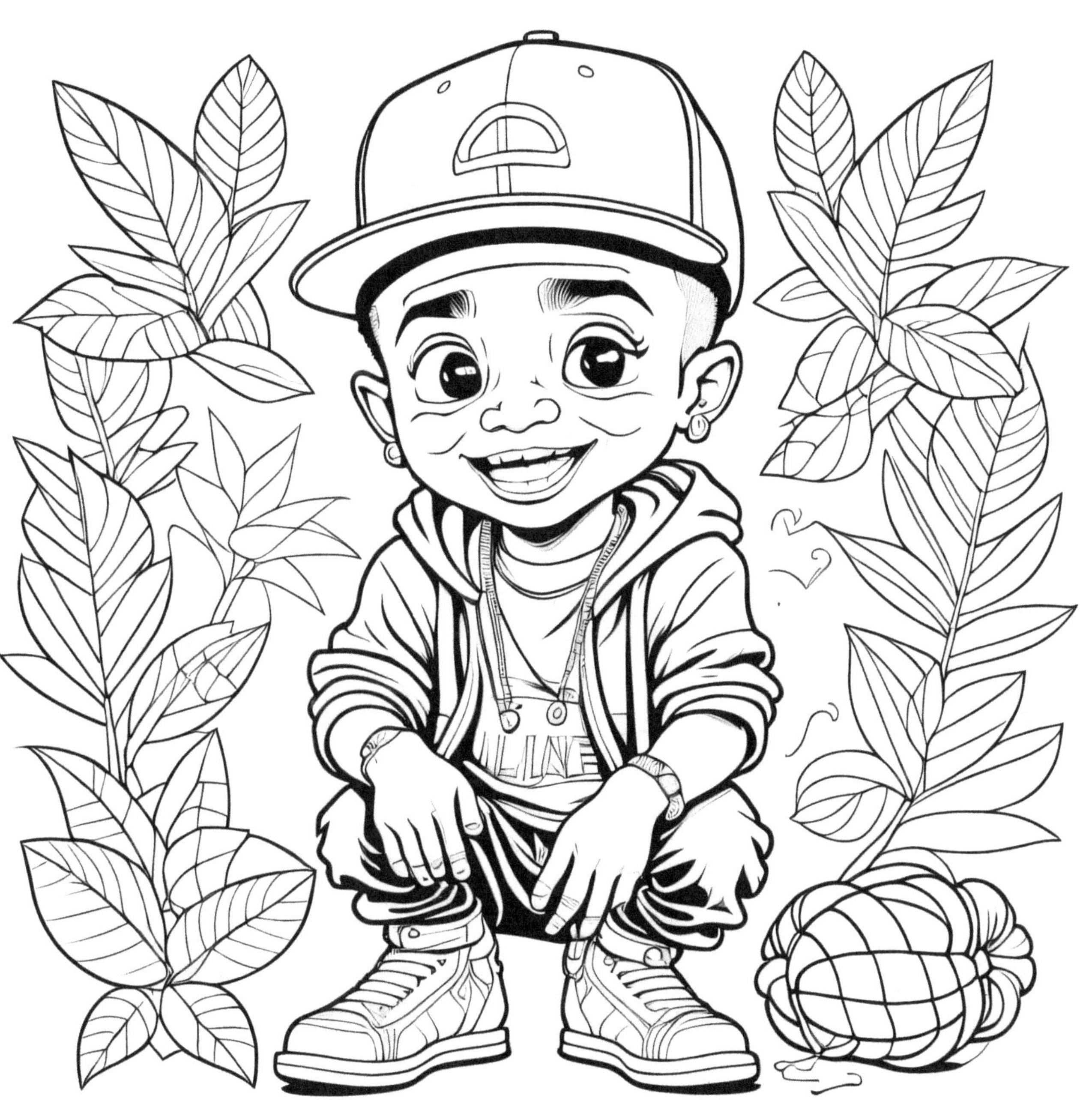

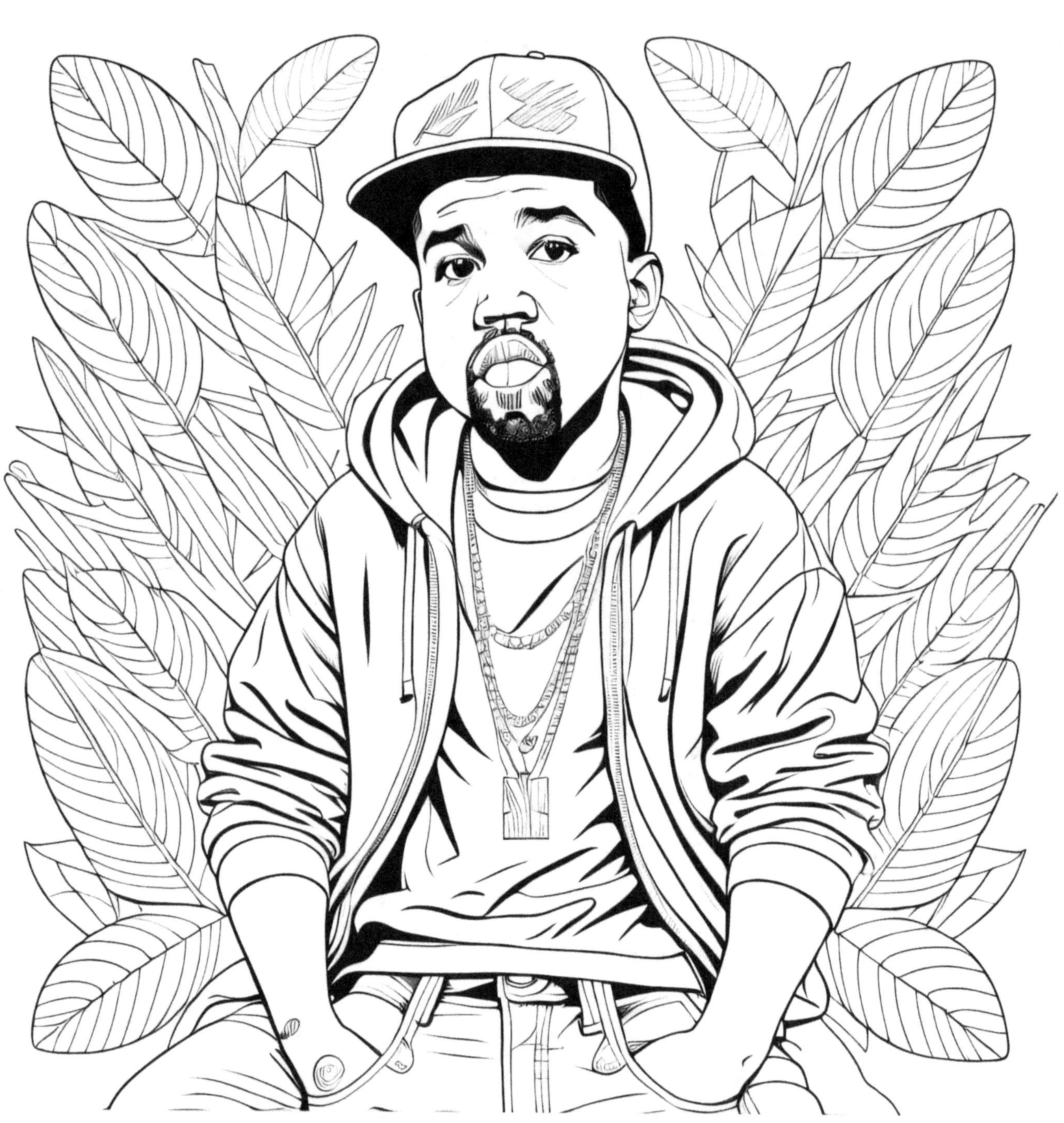

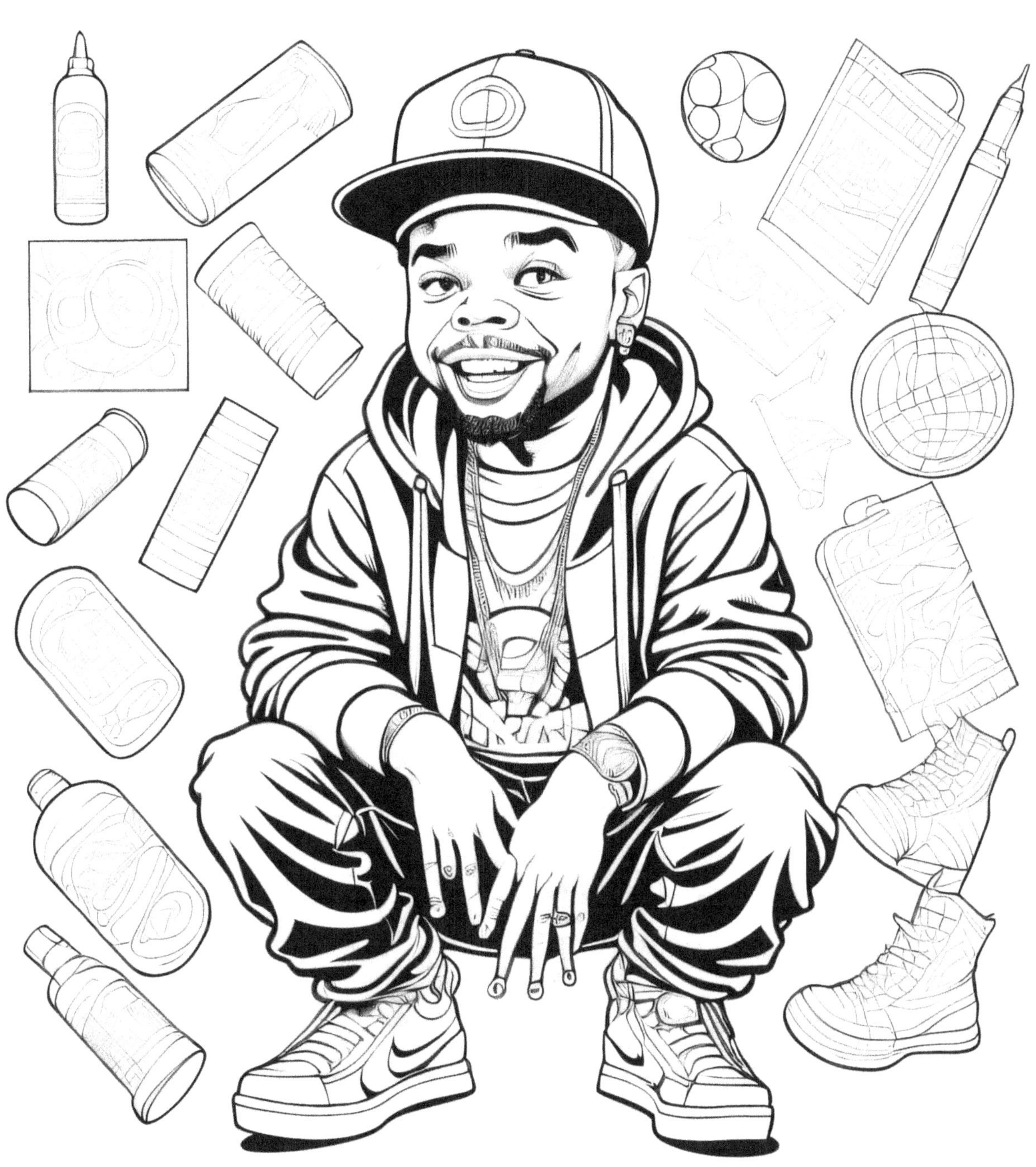

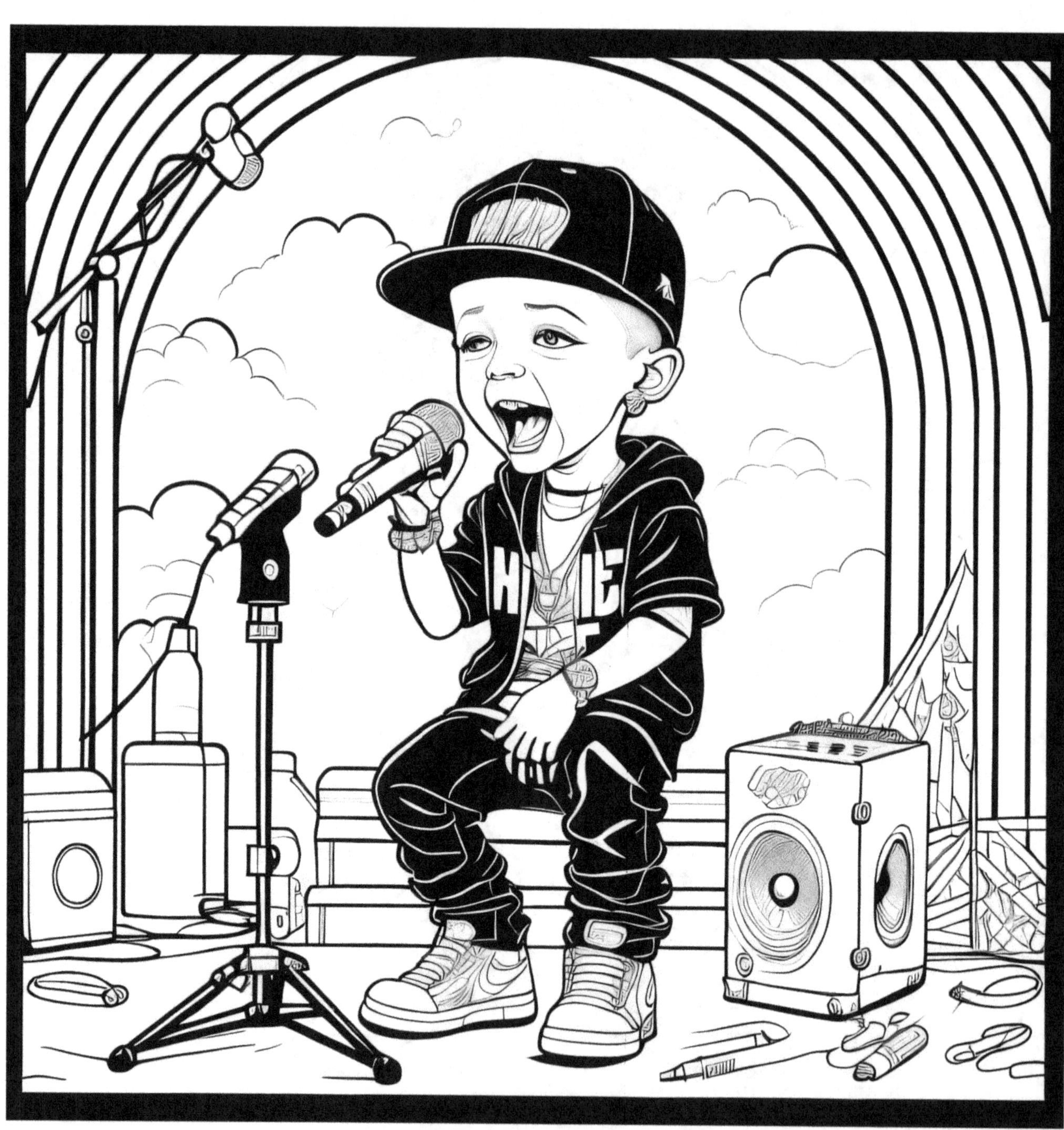

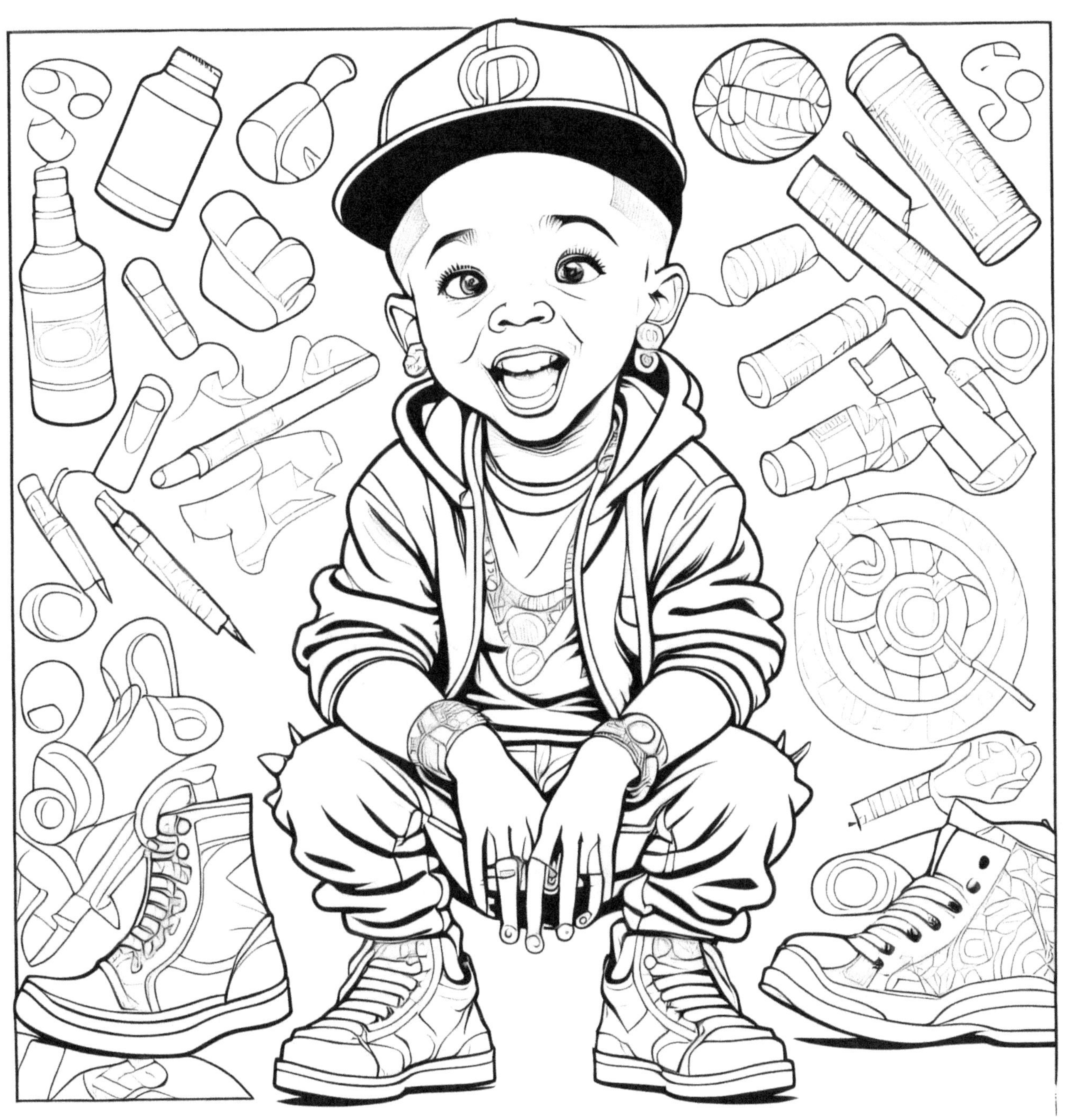

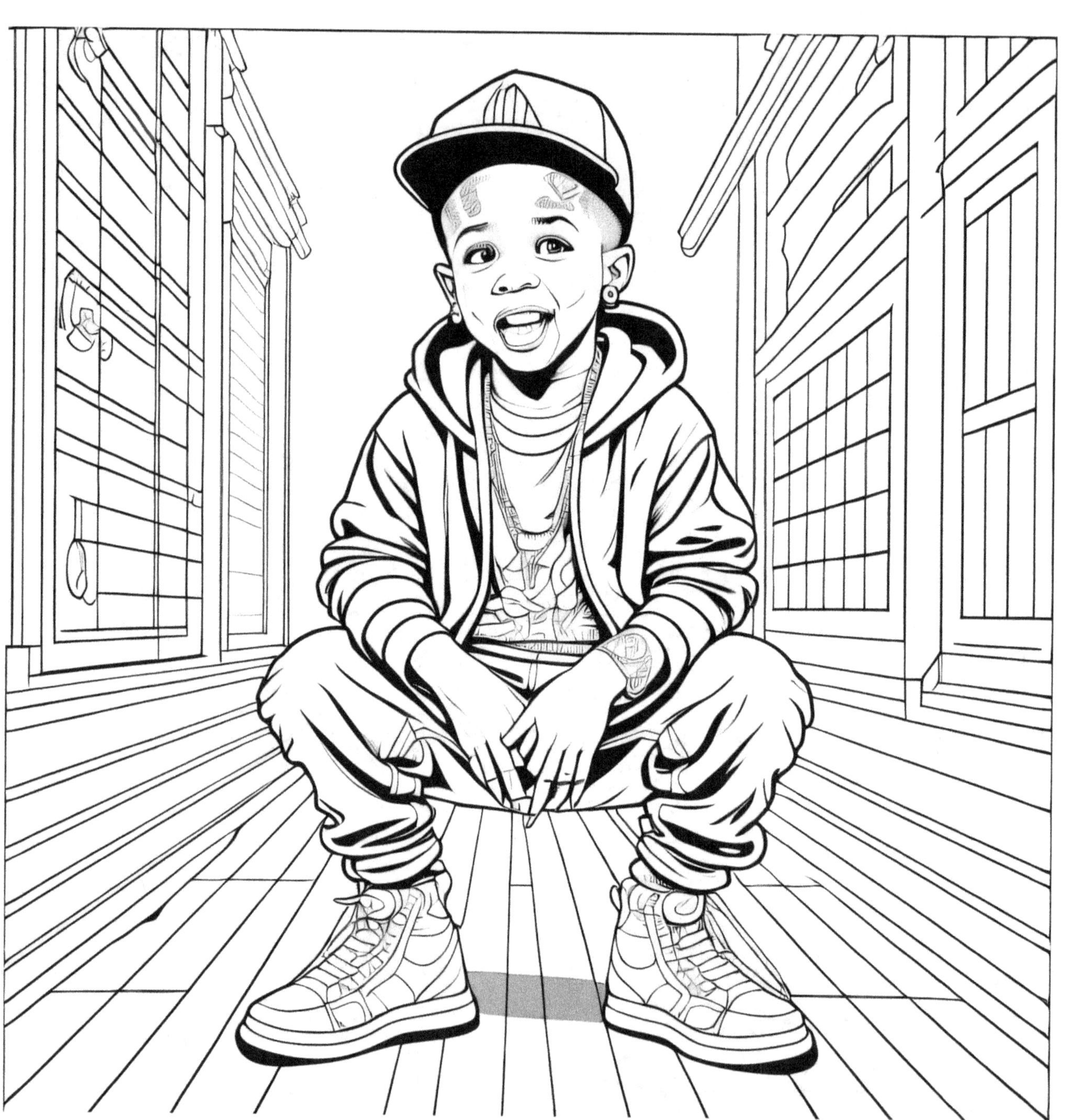

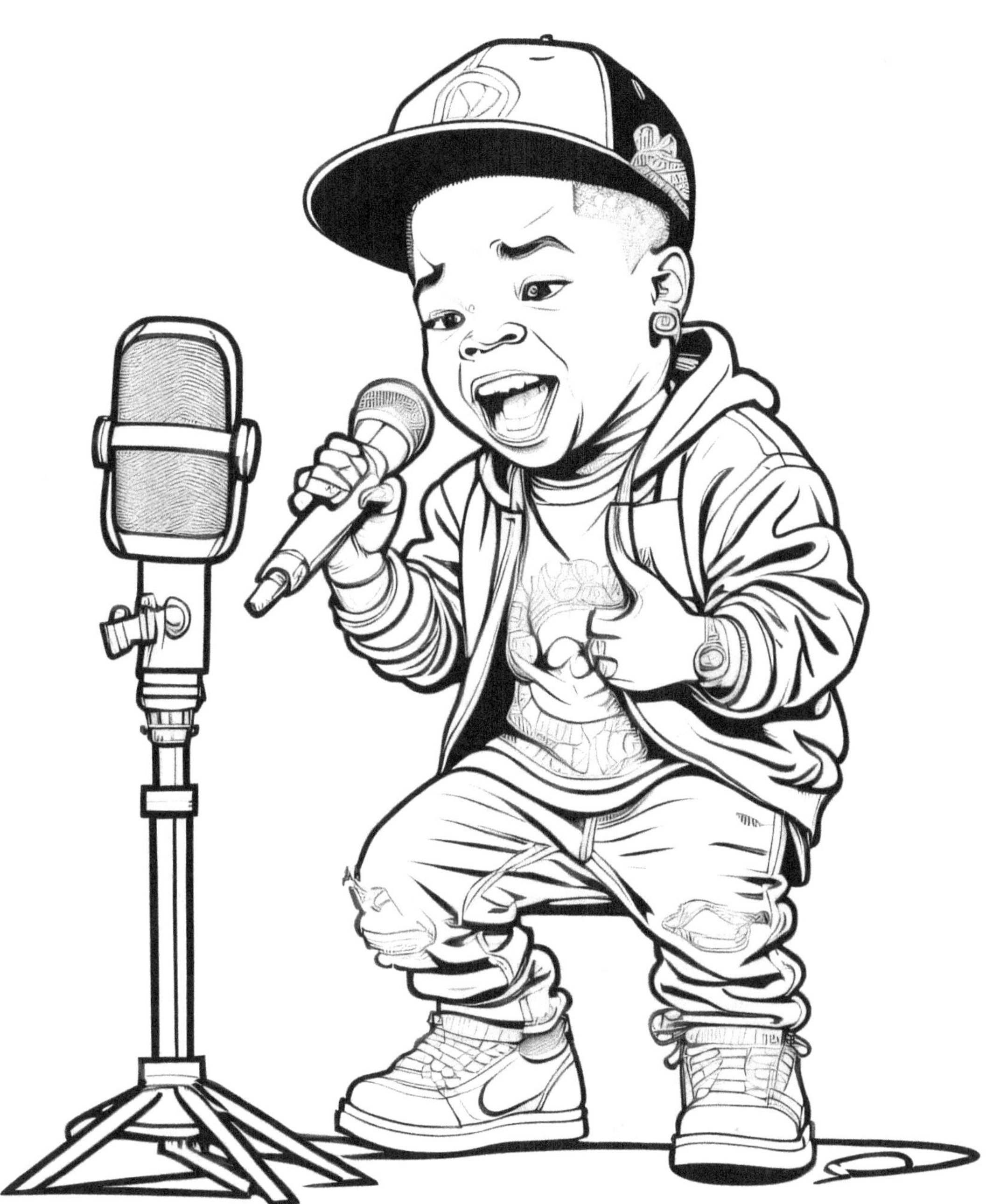

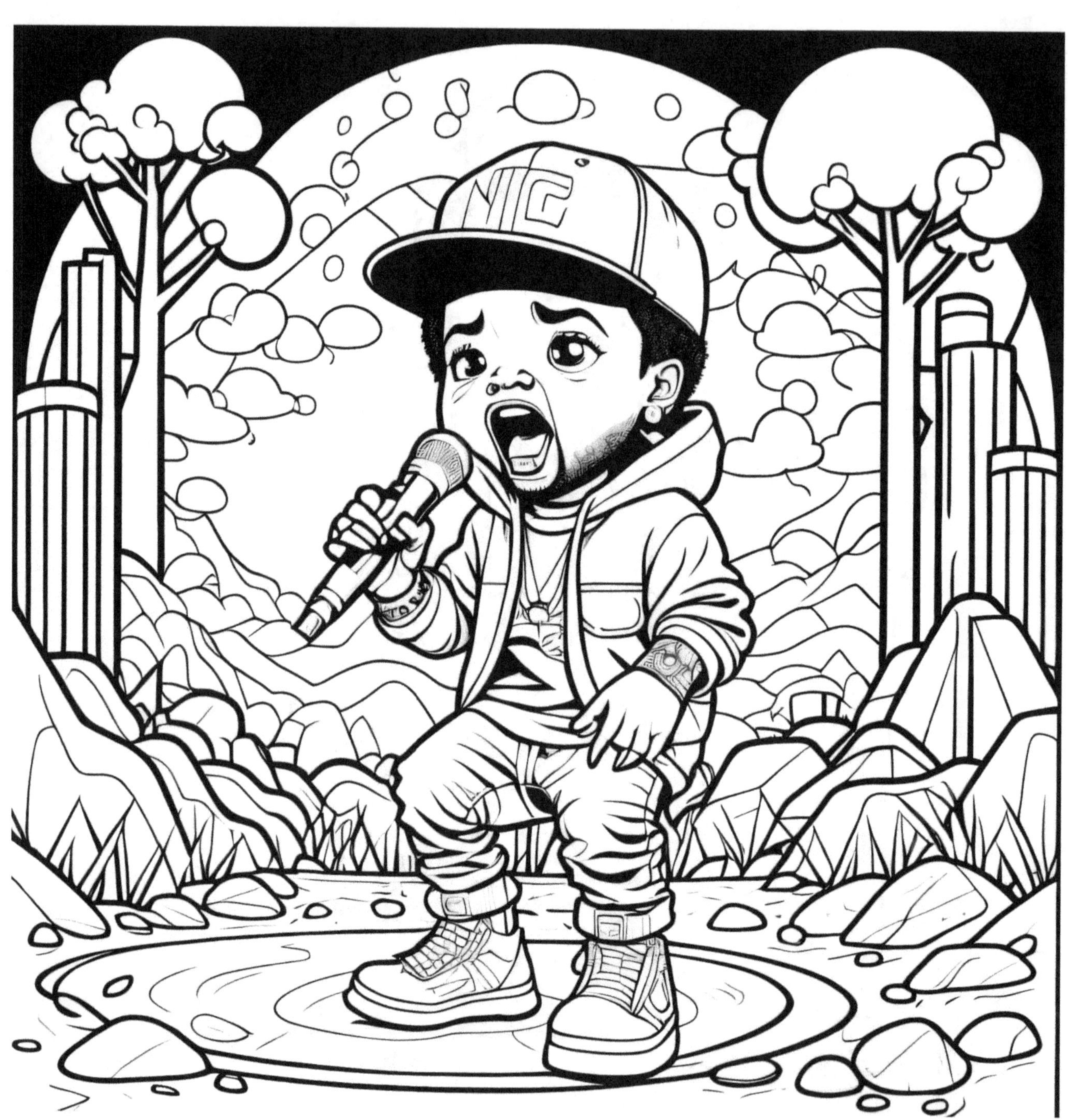

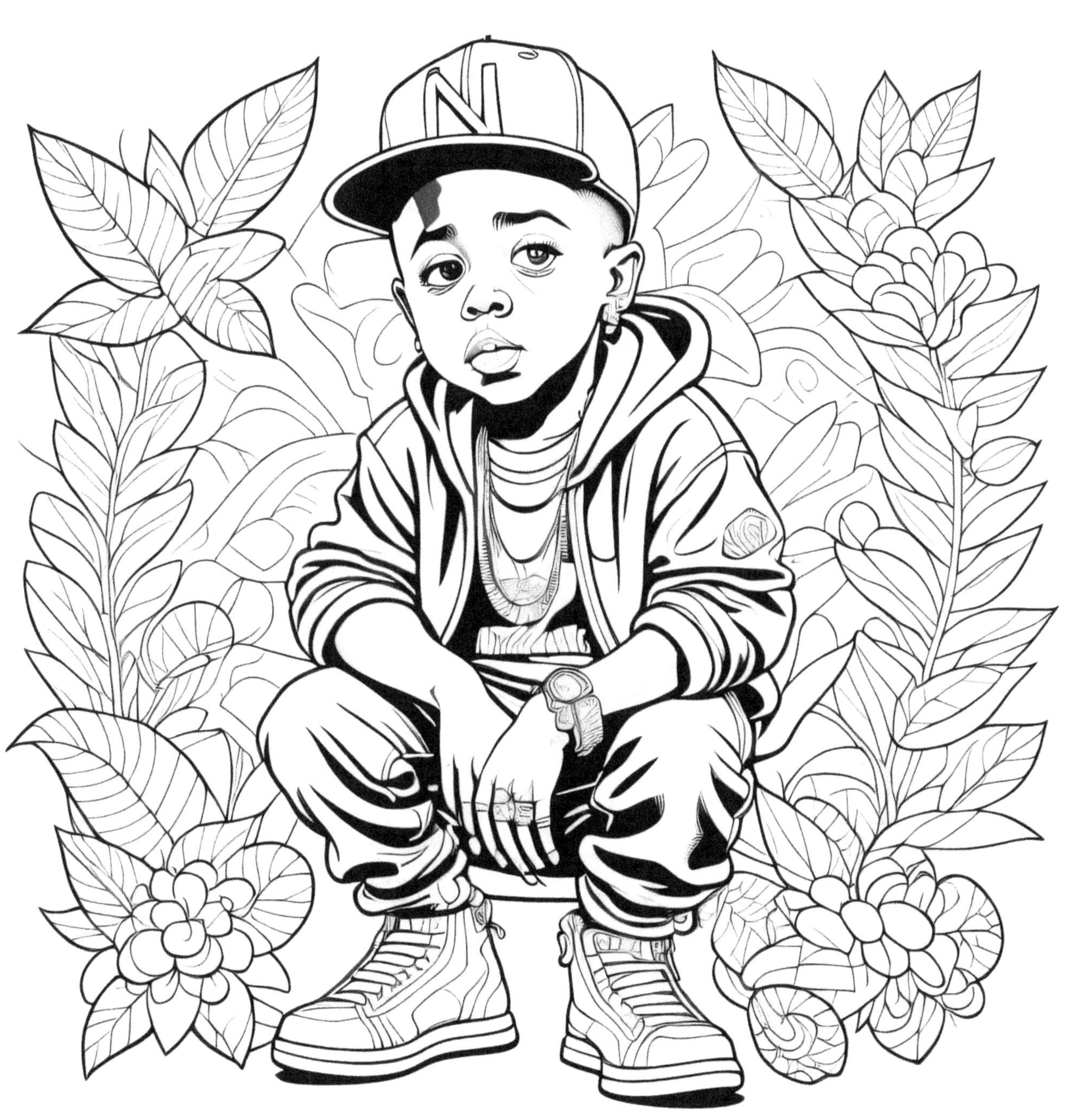

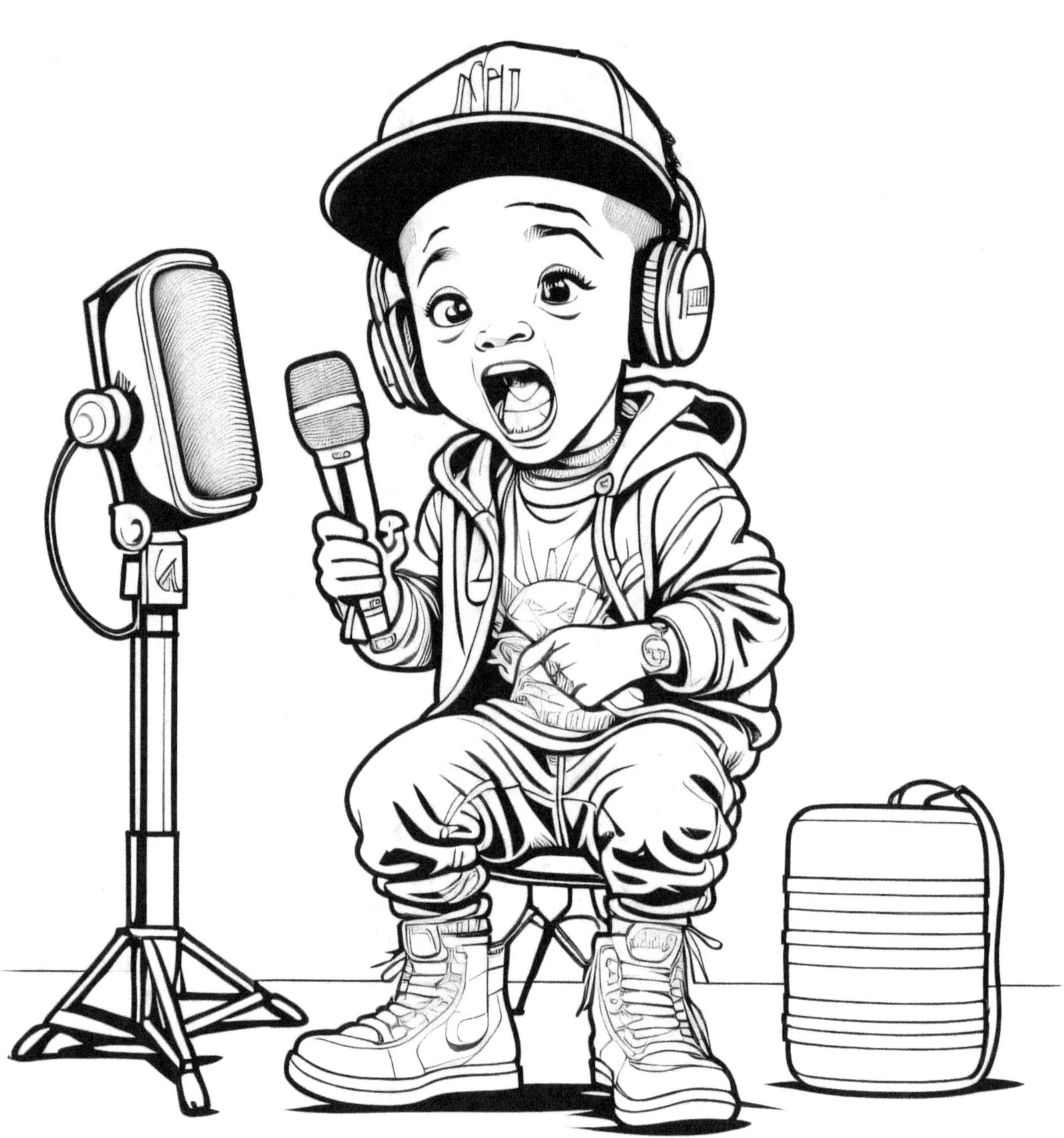

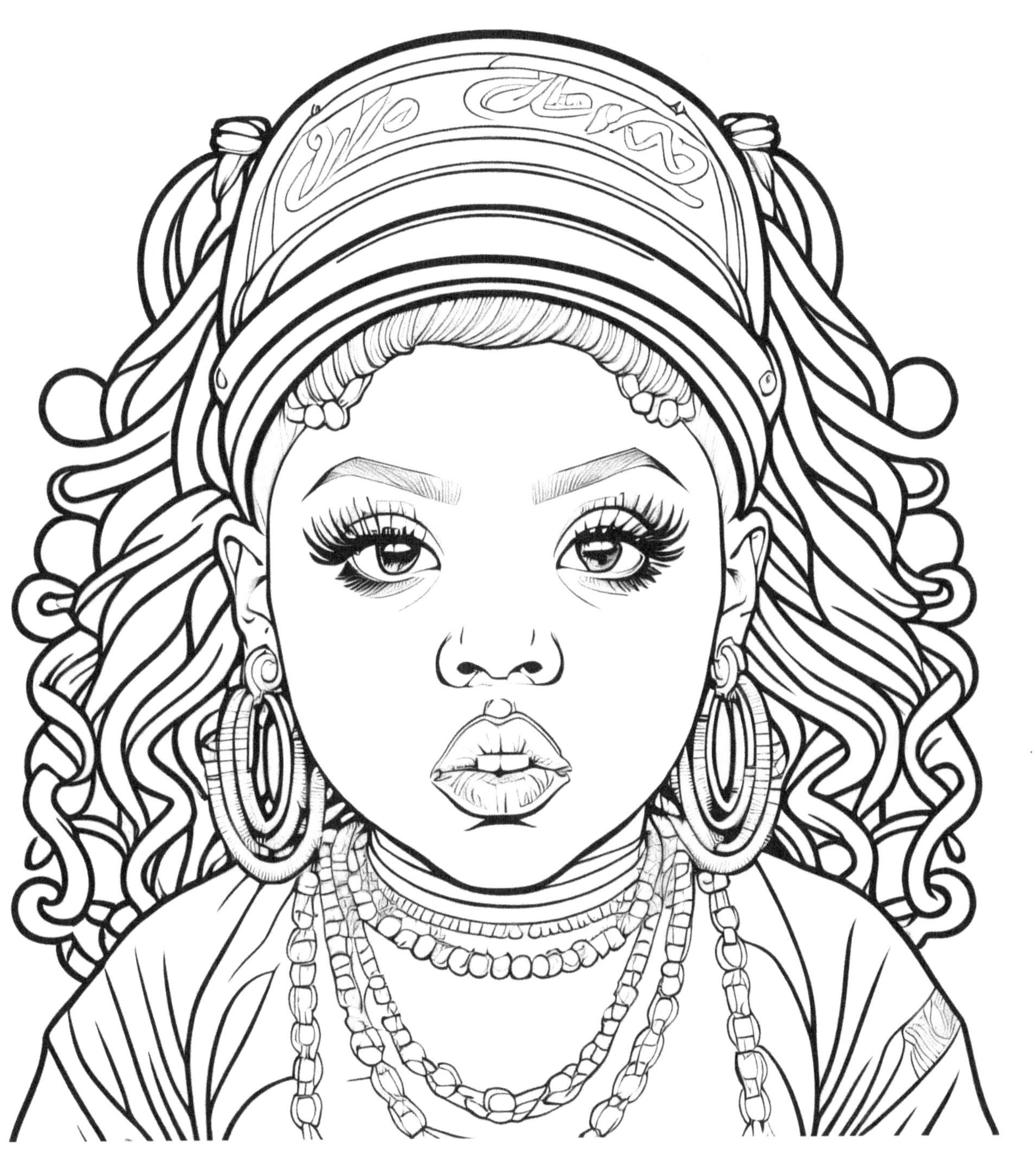

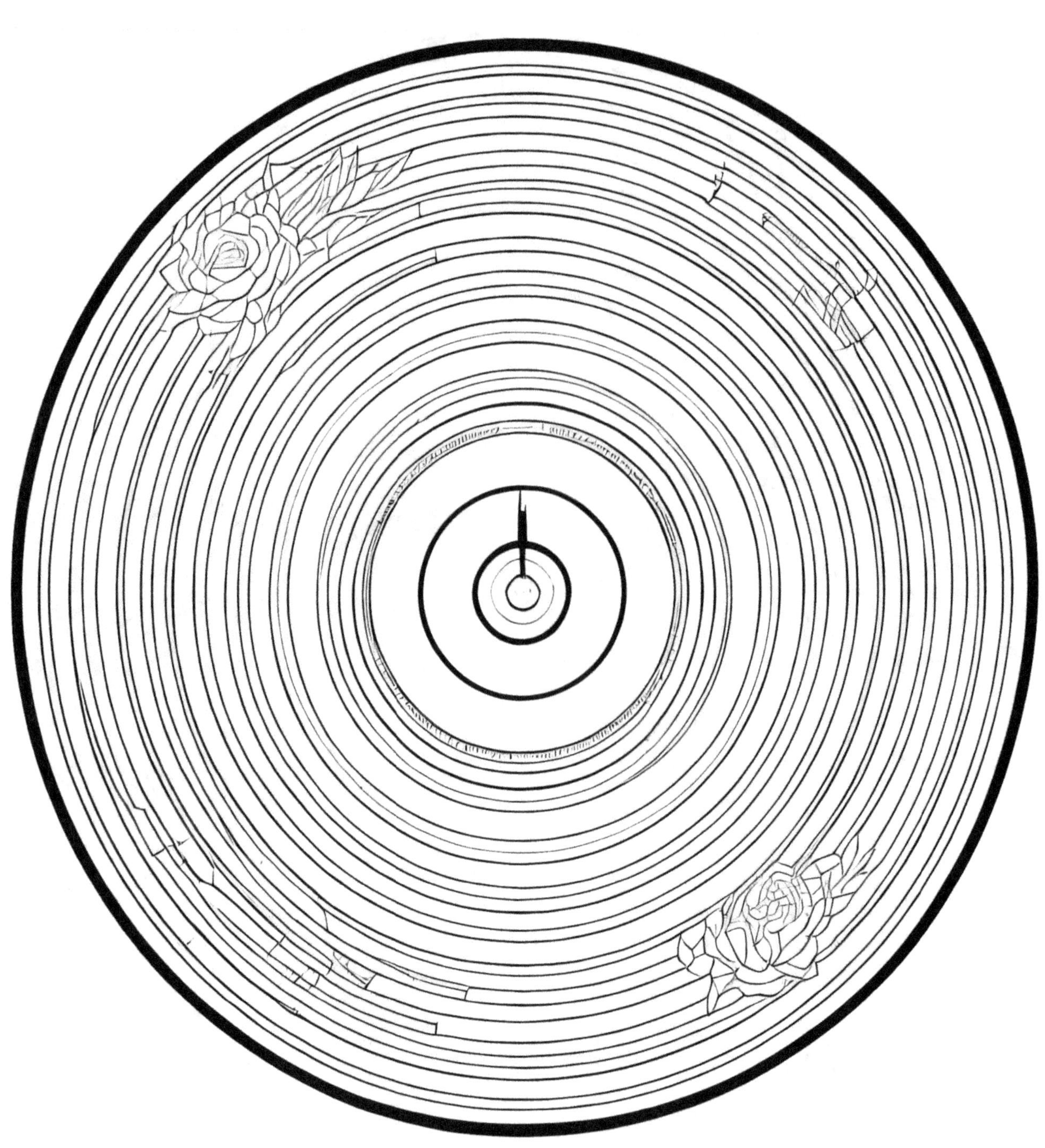

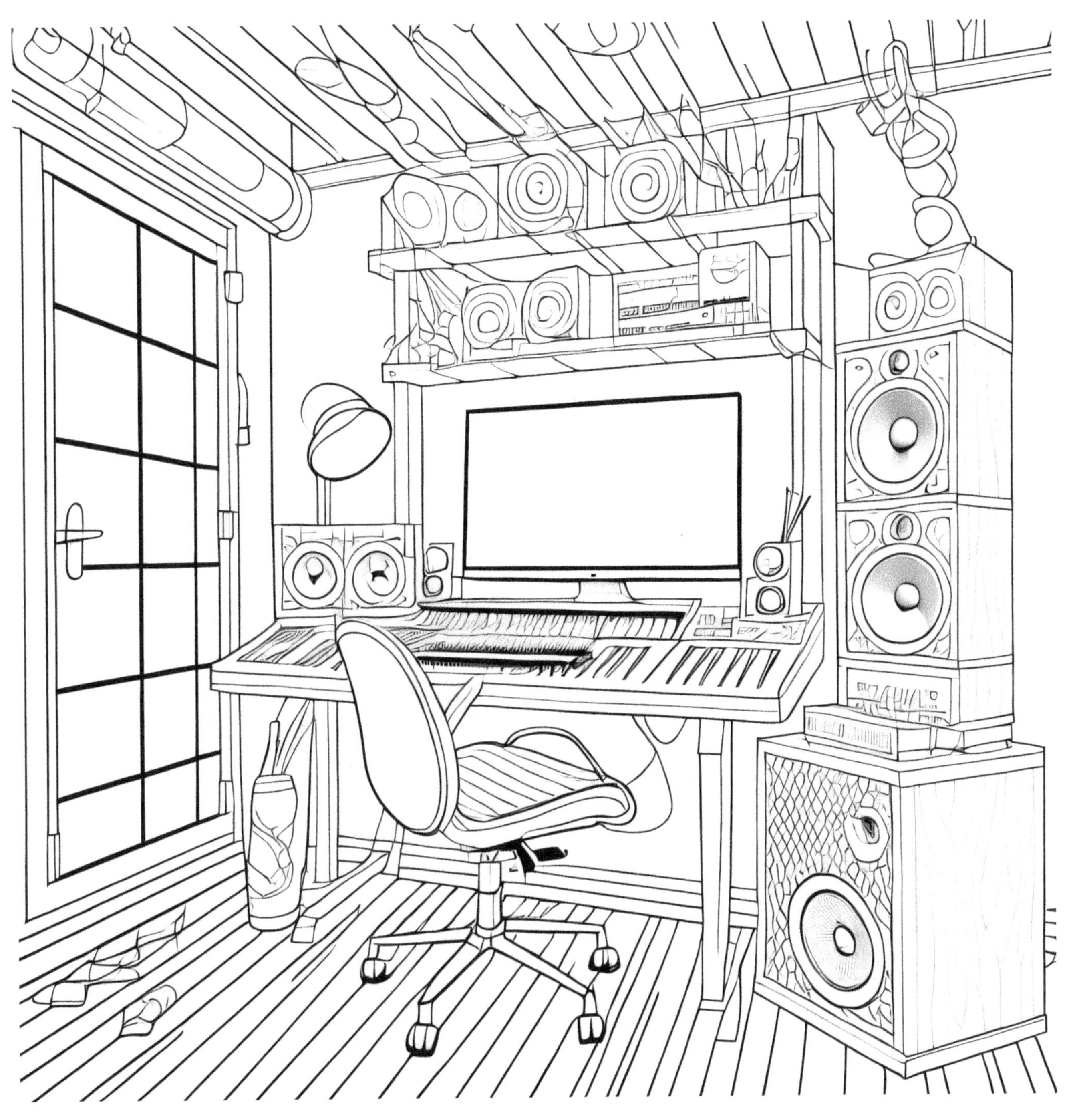

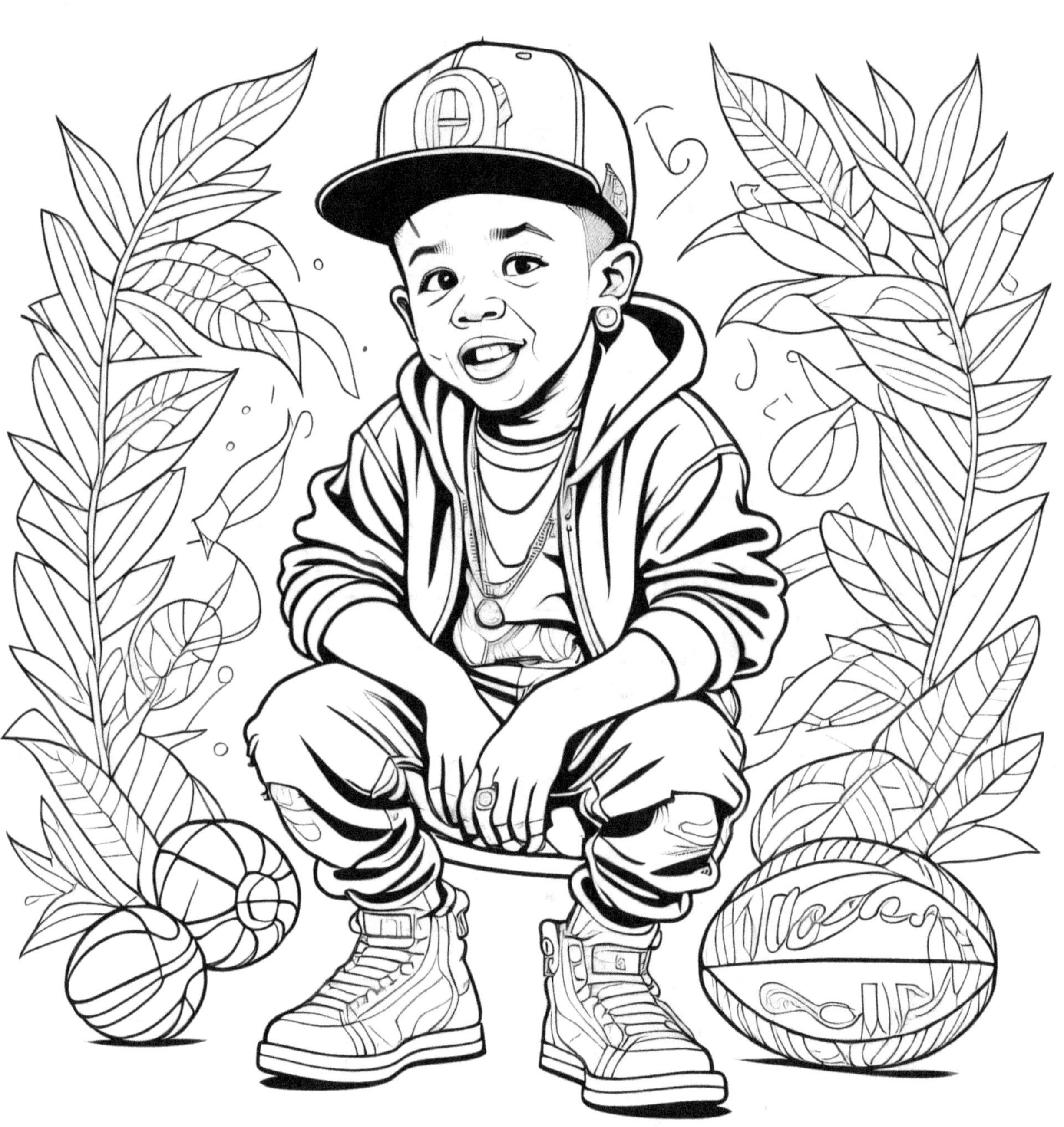

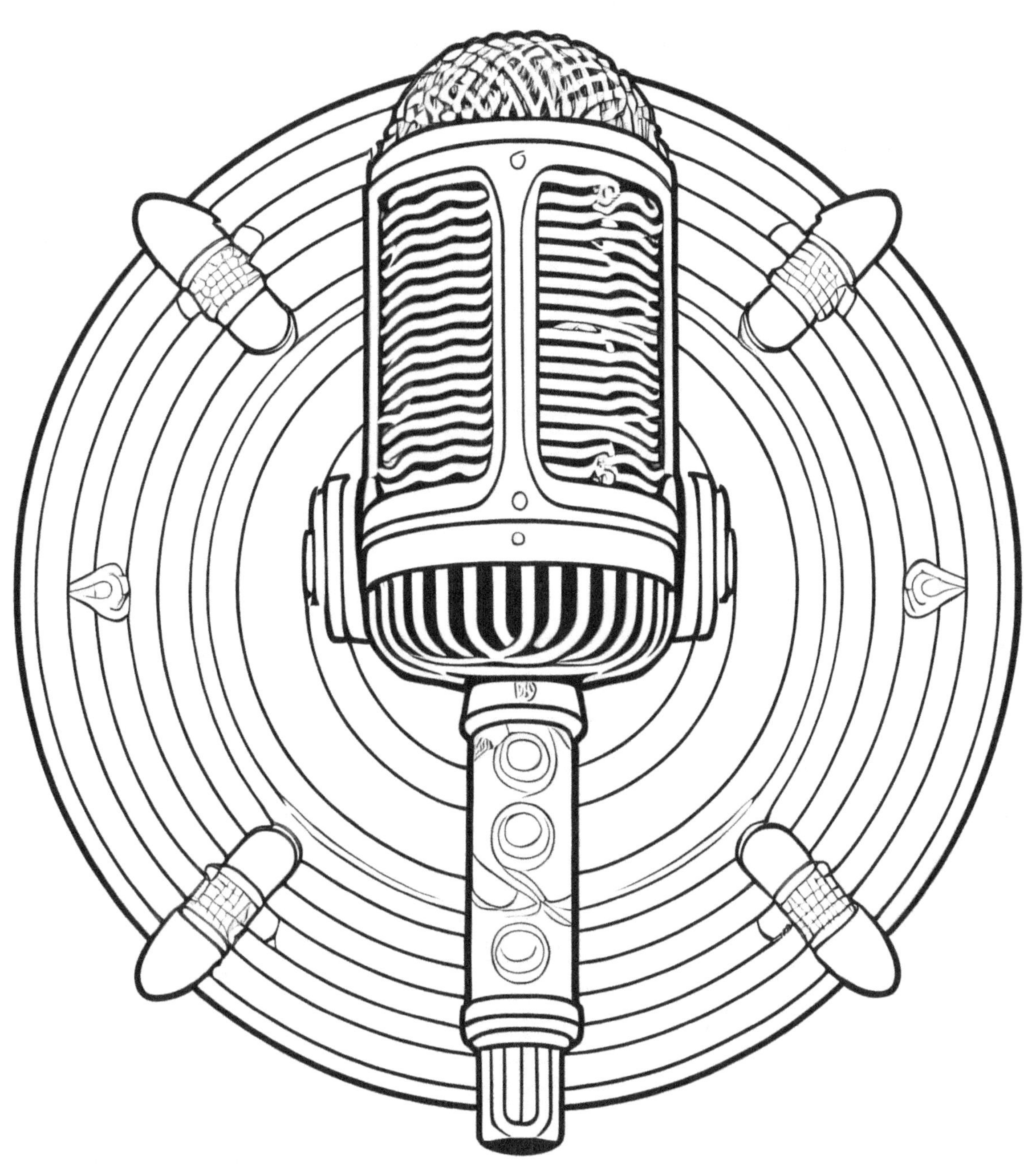

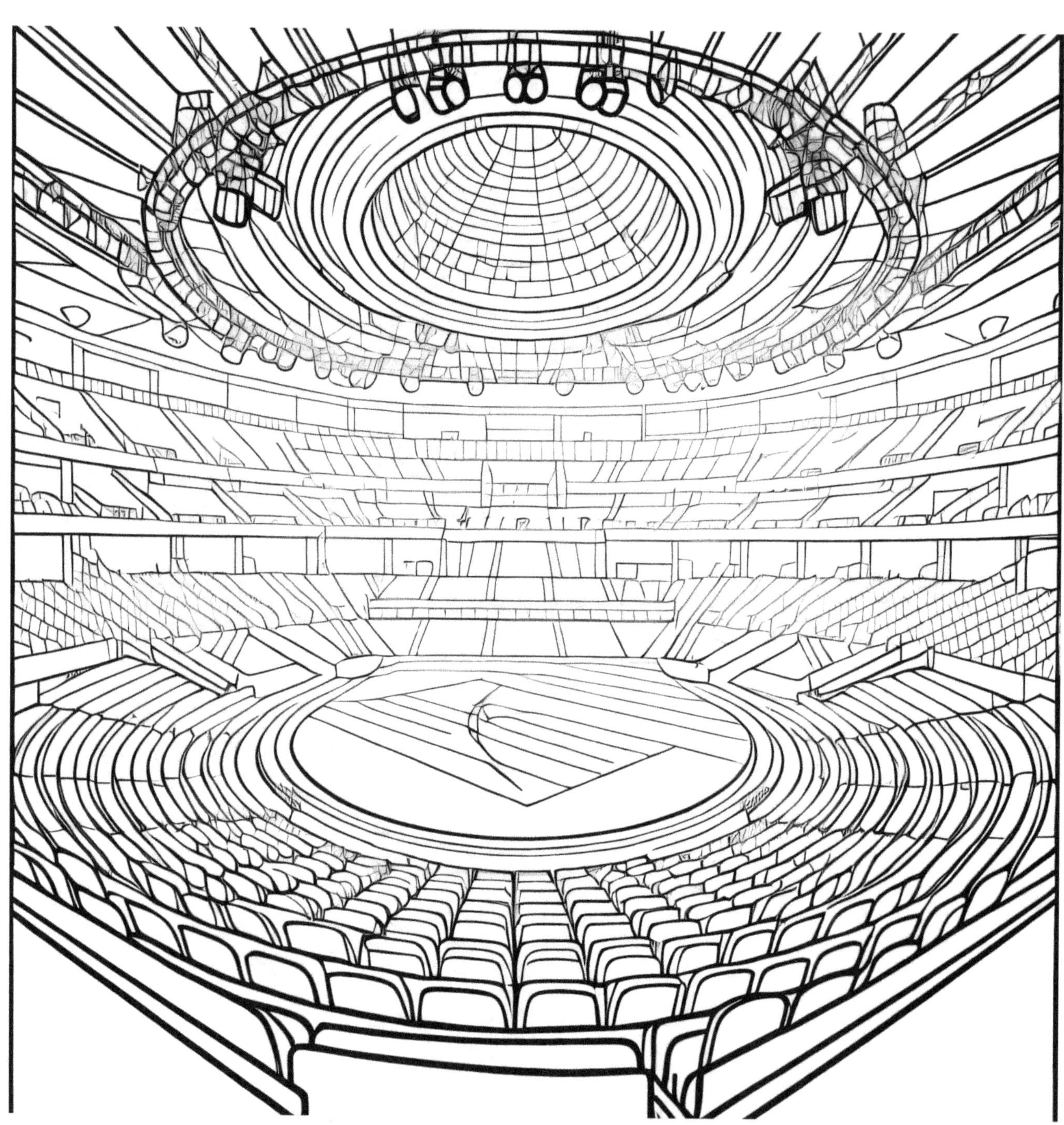

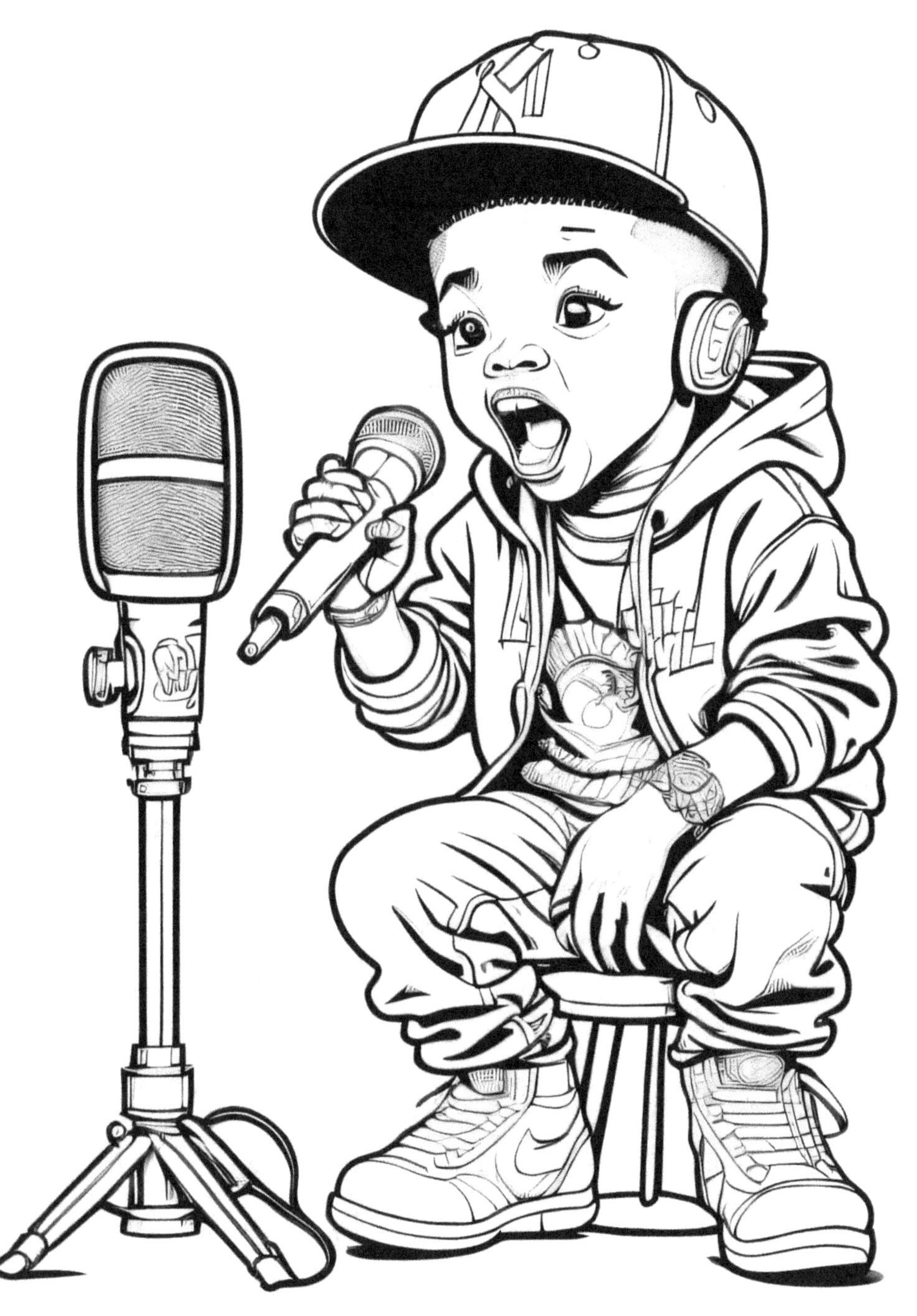

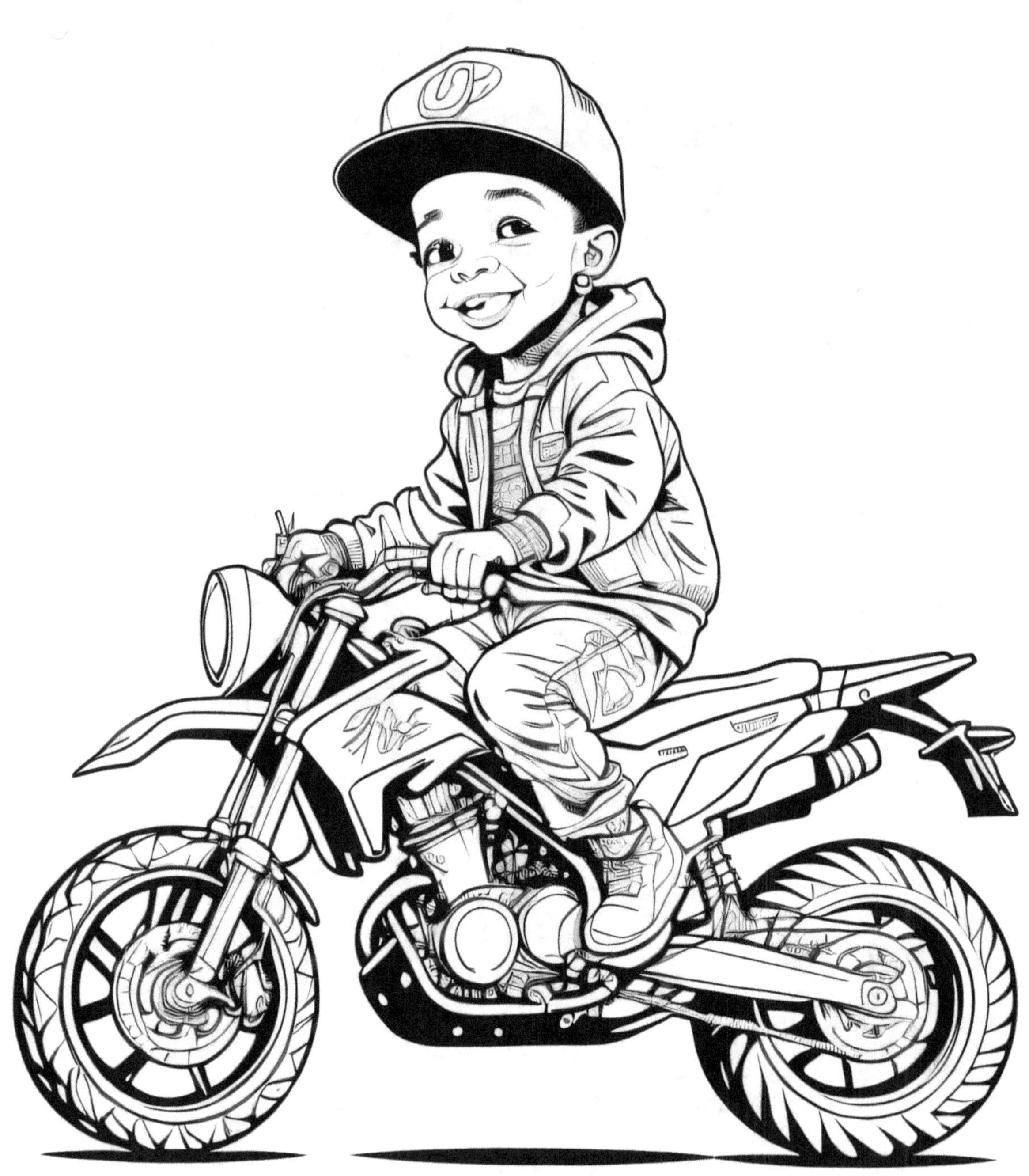